Estudios de la OCDE sobre Gobernanza Pública

Avances en la Entidad Fiscalizadora Superior de Chile

REFORMAS, ALCANCE E IMPACTO

Por favor, cite esta publicación de la siguiente manera:
OCDE (2016), *Avances en la Entidad Fiscalizadora Superior de Chile: Reformas, Alcance e Impacto*, Estudios de la OCDE sobre Gobernanza Pública, Éditions OCDE, Paris.
http://dx.doi.org/10.1787/9789264250642-es

ISBN 978-92-64-25188-5 (impresa)
ISBN 978-92-64-25064-2 (PDF)

Serie: Estudios de la OCDE sobre Gobernanza Pública
ISSN 2414-3308 (impresa)
ISSN 2414-3316 (en linea)

Los datos estadísticos para Israel son suministrados por y bajo la responsabilidad de las autoridades israelíes competentes. El uso de estos datos por la OCDE es sin perjuicio del estatuto de los Altos del Golán, Jerusalén Este y los asentamientos israelíes en Cisjordania bajo los términos del derecho internacional.

Fotografías: Portada © The Comptroller General of the Republic of Chile, by Osvaldo Cristian Rudloff Pulgar.

Las erratas de las publicaciones de la OCDE se encuentran en línea en: *www.oecd.org/about/publishing/corrigenda.htm*.

Índice

Resumen ejecutivo

En su condición de Entidad Fiscalizadora Superior, la Contraloría General de la República de Chile (CGR) desempeña un papel clave a la hora de apoyar la integridad y la rendición de cuentas en el sector público chileno. La CGR ha demostrado su compromiso con el cumplimiento de esta función de una forma que resulta relevante para el siglo XXI, integrando ambiciosas iniciativas en su plan estratégico 2013-2015. La CGR invitó a la OCDE a realizar una Revisión por Pares que ayudara a la CGR a cumplir sus metas. Esta Revisión exploró cómo podría ajustarse el trabajo de auditoría de la CGR para ampliar su relevancia y su impacto en un estado en pleno proceso de modernización.

La OCDE presenta este Informe de Progreso con respecto a la implementación de las principales recomendaciones de la Revisión por Pares. Proporciona una visión general de las iniciativas adoptadas en 2014 que han contribuido (i) a mejorar la estrategia de comunicación y participación de la CGR, (ii) a impulsar el apoyo proporcionado por la CGR para fortalecer el control interno en el sector público chileno y (iii) a alinear y equilibrar la cartera de la CGR con sus objetivos estratégicos.

En un breve plazo de tiempo, la CGR ha introducido nuevas actividades y ha profundizado en iniciativas anteriores para seguir apoyando su plan estratégico actual. El presente Informe de Progreso muestra que tanto los funcionarios de la CGR como las partes interesadas externas reconocen los esfuerzos de la CGR a la hora de involucrar a sus distintos públicos, y han comunicado una mayor frecuencia de participación en 2014. La CGR firmó en 2014 un Protocolo de Acuerdo con la Cámara de Diputados –un importante logro para el fortalecimiento de la toma de decisiones– como resultado de una recomendación de la OCDE. El proyecto de Mejora Integral de la Función de Control Externo y sus 32 iniciativas relacionadas, entre las que se incluyen el desarrollo de estrategias para grupos específicos, parecen estar mejorando el entendimiento mutuo entre la CGR y sus partes interesadas.

La OCDE valora positivamente las actividades de comunicación y participación desarrolladas por la CGR en 2014, dado que el éxito en este ámbito constituye en gran medida un requisito previo para poder fortalecer el control interno y alinear su cartera con sus objetivos estratégicos. Para el primero de estos aspectos, la participación con otros actores resulta fundamental dada la necesidad de que exista una cooperación profesional entre los distintos actores responsables del control interno y la rendición de cuentas en el sector público de Chile. La CGR ejerce un papel importante a la hora de promover el control interno y la rendición de cuentas en Chile, y existen muestras de que está cambiando su enfoque hacia otros actores que también son responsables en este ámbito, dotando de mayor confianza a las unidades de auditoría interna. Estas iniciativas pueden generar una ventaja añadida al liberar la capacidad de la CGR para ampliar el despliegue de nuevos productos de valor agregado que adoptan una perspectiva global sobre el conjunto del gobierno y que se consideran una valiosa aportación a los procesos de toma de decisiones.

Las iniciativas adoptadas por la CGR en 2014 y las previstas para 2015 situarán a esta institución aún más cerca de las recomendaciones de la OCDE y potenciarán una mayor rendición de cuentas y toma de decisiones en Chile. Para ello, la CGR seguirá ampliando su capacidad para reflejar las necesidades y prioridades del contexto que le rodea en sus procesos, sus productos y su próximo plan estratégico. La CGR tiene ante sí una gran oportunidad para situar el listón aún más alto, profundizando en el ritmo de cambio evidente en este informe.

Introducción

2013: OCDE - Revisión sobre Gobernanza Pública de la CGR

En 2012, la OCDE fue invitada a llevar a cabo una evaluación integral de la Contraloría General de la República (CGR), denominada la "Entidad Fiscalizadora Superior" (EFS) de la República de Chile. La Constitución chilena (Art. 98) establece que la CGR es un organismo público autónomo y que no depende ni del Poder Legislativo ni del Poder Ejecutivo. Su misión es "garantizar el cumplimiento legal por parte de la administración pública mediante una relación colaborativa con las entidades públicas y los ciudadanos, promoviendo el bien público a través de una gestión institucional eficiente para salvaguardar la integridad, la transparencia y el uso correcto de los recursos públicos".

La CGR había llevado a cabo actividades en ámbitos como (i) el refuerzo institucional, (ii) la promoción de la transparencia y la integridad, y (iii) el incremento de la comunicación y el fomento de la participación ciudadana, en los años anteriores a la Revisión sobre Gobernanza Pública de la OCDE. La Revisión ha tratado de apoyar las iniciativas en curso y futuras dirigidas a que la CGR pueda desempeñar su función al tiempo que contribuya a conseguir un sector público chileno más estratégico y ágil. Con arreglo a las expectativas y al papel de la CGR, así como a las futuras prioridades tanto de la CGR como del sector público chileno, la Revisión por Pares se ha centrado en seis áreas fundamentales:

- la capacidad de la CGR para apoyar la agilidad estratégica y restablecer la confianza en el Gobierno
- la propia agilidad estratégica de la CGR
- la involucración de las partes interesadas por parte de la CGR
- la priorización y garantía de calidad de las auditorías de la CGR
- la transparencia y el desempeño de la CGR.

La Revisión por Pares de la OCDE concluyó que la CGR trabaja con un alto nivel de independencia operacional, y que se reconocen sus esfuerzos en materia de transparencia e integridad, tal y como deja patente el hecho de que se haya situado como la institución menos corrupta en las encuestas de percepción ciudadana de la corrupción en las instituciones del sector público tanto en 2012 como en 2013 (Libertad y Desarrollo, 2014). Su plan estratégico había definido una serie de ambiciosos objetivos para distanciarse de la percepción de las partes interesadas de que la CGR se centra únicamente en el cumplimiento, y cuenta con un amplio mandato para conseguirlo. Sin embargo, la OCDE identificó que la CGR interpreta sus funciones estatutarias de manera restrictiva, llevando a cabo funciones que, en la mayoría del resto de países de la OCDE, son desempeñadas por el Poder Ejecutivo –por ejemplo, la preparación de las cuentas del Gobierno al cierre del ejercicio y el control *ex ante* de la legalidad.

La OCDE definió una serie de recomendaciones clave en cada una de las áreas de estudio, que se centraron principalmente en alinear sus procesos con los objetivos establecidos en su plan estratégico equilibrando su cartera, reenfocando su plan de comunicación y desarrollando la gestión del personal y del desempeño. También se efectuaron recomendaciones para mejorar la agilidad y transparencia de la institución, la calidad de su trabajo y la introducción de nuevos productos para potenciar un entendimiento más matizado del papel desempeñado por la CGR.

La revisión fue el resultado de la estrecha colaboración entablada entre la OCDE y la CGR, basándose en las prácticas compartidas por 12 EFS pares así como consultas con las principales partes interesadas de Chile procedentes tanto de la sociedad civil, como del sector público y privado del país. El análisis se efectuó en el marco de las normas internacionales relevantes, entre las que se incluyen las Normas Internacionales y las Directrices de la INTOSAI (Organización Internacional de las Entidades Fiscalizadoras Superiores) para la Buena Gobernanza así como el marco de control interno de COSO, por ejemplo. La Revisión preliminar se presentó en la XXIII reunión anual de OLACEFS, en diciembre de 2013, y el informe final en Santiago de Chile en abril de 2014.

2015: Informe de Progreso sobre la implementación de recomendaciones

En el marco de su colaboración con la CGR, la OCDE ha llevado a cabo un Informe de Progreso para documentar los cambios que la CGR siguió efectuando o inició en 2014, tras haberse presentado las recomendaciones preliminares. La OCDE ha seleccionado una serie de áreas clave basándose en su importancia para la rendición de cuentas y la integridad en el Sector Público, así como para los logros de la CGR con respecto a su hoja de ruta. Este Informe de Progreso define los avances y esfuerzos adoptados por Chile y su impacto percibido, en las siguientes áreas prioritarias:

1. La estrategia de comunicación y participación de la CGR
2. El apoyo de la CGR al control interno en Chile
3. La alineación y el equilibrio de la cartera del CGR

La CGR proporcionó un resumen de todas las actividades realizadas en 2014 en el informe estratégico sobre el estado de la implementación de las principales recomendaciones proporcionadas por la OCDE a la Contraloría General de la República de Chile ("*Strategic Report: Implementation Status of Key Recommendations made by the OECD to the Office of the Comptroller General of the Republic of Chile*") (CGR, 2015). La información ha sido verificada y complementada por el resultado de los cuestionarios planteados a funcionarios de la CGR así como a partes interesadas externas de la sociedad civil, el Poder Legislativo, el Poder Ejecutivo y el Poder Judicial. Los cuestionarios se utilizaron para aportar una perspectiva sobre el alcance y el impacto de los cambios efectuados en 2014. La encuesta interna realizada a 19 miembros del personal de la CGR que ocupaban funciones estratégicas permite efectuar comparaciones con las respuestas de una encuesta realizada a 11 representantes externos.

1) Mejora de la estrategia de comunicación y participación

La involucración de las partes interesadas es necesaria para que la CGR pueda plasmar las necesidades de los ciudadanos en sus estrategias y operaciones. La Revisión sobre Gobernanza Pública realizada por la OCDE en 2013 proporcionó un análisis detallado de la cooperación de la CGR con los auditados y con las unidades de control interno a lo largo del ciclo de auditoría y con todas las partes interesadas fuera de las auditorías individuales.

La Revisión documentó los esfuerzos realizados en años anteriores para involucrar a sus partes interesadas, desarrollando herramientas para el contacto personal y la interacción en línea a fin de recopilar sus opiniones y reclamaciones como fórmula para abordar las necesidades de los clientes y usuarios de la CGR. A pesar de que se le reconocía por su compromiso con la transparencia, la CGR seguía siendo ampliamente percibida como una institución que únicamente se centraba en la inspección y el cumplimiento. Esta percepción puso de manifiesto la necesidad de que la CGR se dirigiera a sus distintos tipos de público de una forma que garantizara que las estrategias de comunicación y de participación consiguieran un mayor impacto y entendimiento de su trabajo.

La estrategia de comunicación en el momento de la Revisión se centraba fundamentalmente en el fomento de la participación de los ciudadanos, especialmente a través de Internet, y en menor medida en el Poder Ejecutivo y en el Congreso. La OCDE apuntó una serie de oportunidades para llegar a una base de público mayor al adoptar medidas para superar la gran brecha digital e involucrar a los responsables de la toma de decisiones. El hecho de llegar a un público mayor contribuye a que las prioridades sean más representativas y relevantes para las necesidades de todas las partes interesadas.

La Revisión por Pares de la OCDE realizó recomendaciones para que la CGR las compartiera y para que consultara con las partes interesadas con el objetivo de mejorar su relevancia, eficiencia (a través de unas relaciones más profesionales y racionalizadas con los auditados y con auditoría interna), calidad (entendiendo las necesidades de los usuarios e incorporándolas a los procesos de mejora) y facilidad de uso de su trabajo (logrando un mayor entendimiento del mismo entre las partes involucradas). En la Tabla 1.1 se resumen las recomendaciones y sus beneficios previstos.

Tabla 1.1. Resumen de las principales recomendaciones y beneficios previstos de la Revisión por Pares de la OCDE

Principales recomendaciones	Beneficios previstos / objetivos de las recomendaciones
Fortalecer la estrategia de comunicación y mejorar la comunicación con todas las partes interesadas: • Ampliando la estrategia de comunicación para definir a los distintos tipos de público y cómo acceden a la información relacionada con las actividades de auditoría y los resultados • Potenciando la transparencia de las responsabilidades y encargos de la CGR, lo cual incluye incrementar la transparencia de las normas de auditoría, procesos y métodos utilizados en general por la CGR, así como en el marco de los protocolos utilizados en encargos de auditoría individuales • Potenciando la facilidad de uso y la claridad de los productos de la CGR y analizando medidas que permitan a las partes interesadas superar las barreras digitales del acceso a la información • Centrando su atención de manera específica en el Congreso Involucrar a los auditados para desarrollar una relación de trabajo más constructiva: • Ampliando el alcance de la información comunicada a los auditados a lo largo del proceso de auditoría, lo cual deberá incluir asegurarse de que los términos de la auditoría hayan sido claramente establecidos y comunicados para que apoyen una ejecución eficiente y un control de calidad eficaz de la auditoría. • Formulando estrategias para comunicarse con las entidades auditadas fuera de los encargos de auditoría individuales	Demostrar el valor e incrementar la comprensión del trabajo desarrollado por la CGR frente a su variado público dentro del Poder Ejecutivo y Legislativo –así como entre los ciudadanos y los medios de comunicación– para incrementar su uso en los procesos de rendición de cuentas y de toma de decisiones Facilitar una mejor comprensión y generar confianza en los métodos de trabajo de la CGR de cara a los auditados y a otros usuarios Incrementar la eficacia de los trabajos desarrollados en colaboración con las principales partes interesadas, entre los que se incluyen órganos de control y auditoría interna, entre otros Utilizar una estrategia de comunicación para potenciar una mayor comprensión de los desafíos comunes y de los riesgos emergentes que afectan a la buena gobernanza pública identificados a través de los trabajos de auditoría desarrollados por la CGR

Iniciativas e impacto desde la Revisión por Pares

Fortalecer la estrategia de comunicación y mejorar la comunicación

Ampliar la estrategia de comunicación para definir y comprender a las partes interesadas externas

Según el 94% de los funcionarios de la CGR encuestados para la presente Revisión de Progreso, la CGR ha efectuado cambios sustanciales o moderados en su estrategia de participación en 2014, actualizando procesos existentes y desarrollando nuevos procesos. Esto ha sido confirmado por más del 80% de las partes interesadas externas que indicaron que han experimentado un incremento moderado o sustancial en la frecuencia de participación conseguida con la CGR en el año 2014.

Las encuestas confirmaron que la CGR ha cambiado la manera en que se comunica con sus distintos públicos. La CGR se ha mostrado proactiva en este ámbito, reorientando su enfoque hacia las necesidades de los usuarios y concibiendo al ciudadano en mayor medida como colaborador y no tanto como "usuario". Bajo el sello del Proyecto de Mejora Integral de la Función de Control Externo, la CGR se ha mostrado activa ampliando sus estrategias de comunicación y de participación de la forma siguiente:

- La Unidad de Comunicación de la CGR inició el rediseño de la estrategia de comunicación para promover la mejora de la relación con las partes interesadas externas. En el marco de esta iniciativa, la CGR ha comenzado a crear un mapa de sus diversas partes interesadas para poder establecer estrategias especializadas de participación y asignar herramientas para cada grupo. Esta metodología y plan de participación tienen cuenta la importancia relativa de cada grupo.

- Las unidades de control externo ofrecen talleres, ponencias y seminarios, participación en proyectos piloto, mesas redondas con entidades públicas para reforzar el trabajo con la CGR, exposiciones, sesiones de capacitación y audiencias. Algunas interacciones se han centrado en asuntos específicos de las auditorías o en procesos relacionados con las mismas, mientras que otras han tratado de obtener unas mejores impresiones de los intereses, necesidades y opiniones que las partes interesadas tienen sobre el trabajo de la CGR a fin de poder identificar áreas de mejora y también debilidades que puedan abordarse mediante sesiones de capacitación. De los 6.255 participantes en los actos desarrollados por la CGR en 2014, el 35,8% procedían del sector municipal (un aumento del 10% con respecto al año anterior) y un 59% del sector público. Todas las partes interesadas consultadas tenían conocimiento de que la CGR ofrece oportunidades de participación, y 7 de un total de 11 habían participado en ellas.

- La CGR ha creado el Consejo de la Sociedad Civil, profundizando en el éxito de las interacciones realizadas en años anteriores, para ofrecer un foro en el que la CGR pueda escuchar las preocupaciones y propuestas de las organizaciones no gubernamentales. Las dos primeras reuniones se celebraron en enero y marzo de 2015 para mejorar la resolución interna en base a la cual se fundó el consejo, firmada el 10 de marzo. Esta medida permite que los miembros del Consejo puedan convocar una reunión del Consejo. Los funcionarios de la CGR que fueron encuestados para la elaboración del presente Informe de Progreso han mostrado grandes esperanzas con respecto a esta iniciativa recientemente creada.

- En el marco de la iniciativa de colaboración denominada "Uso Compartido de Información para Mejorar el Combate de la Corrupción en Chile", la CGR ha consolidado la interoperabilidad de las bases de datos existentes entre la CGR, la Fiscalía y el Consejo de Defensa del Estado, para mejorar la eficacia, puntualidad y transparencia de la investigación y el enjuiciamiento de los casos de corrupción administrativa entre los funcionarios.

- En virtud del proyecto de rendición de cuentas de la sociedad civil, la CGR ha desarrollado la "Tabla IFAF", una herramienta a través de la cual las organizaciones no gubernamentales pueden definir y presentar información financiera, que está concebida para proporcionar información confiable a todas las partes interesadas sobre el origen, uso y asignación de recursos de las ONG. Las sesiones de capacitación celebradas se han utilizado para divulgar y facilitar el uso de esta herramienta.

- El portal ciudadano, que la Revisión por Pares de la OCDE reconoció que ha tenido una buena acogida, se ha consolidado y ha experimentado un incremento de su actividad. Las quejas y sugerencias han aumentado un 26% (de 2638 a 3581 entre enero y diciembre de 2013 y enero y diciembre de 2014).

- Creado en diciembre de 2014, el portal GEO-CGR proporciona un foro para la articulación, almacenamiento, consulta y publicación de información georreferenciada sobre la inversión de recursos en obras públicas. Este portal trata de promover el control social y la rendición de cuentas motivada por los ciudadanos, proporcionando información confiable y puntual que resulte útil para analizar y monitorear los recursos invertidos en obras públicas. En el programa piloto actual participan un total de 64 entidades públicas, tras el cual el sistema de monitoreo estará totalmente operativo (a finales de 2015).

Los esfuerzos de la CGR para fortalecer la comunicación con las partes interesadas no han pasado desapercibidos, y el 75% de los funcionarios de la CGR indican que estos esfuerzos han derivado en un cambio moderado o sustancial en la comprensión del trabajo de la CGR por parte de las partes interesadas – lo cual ha sido confirmado por el 70% de las partes interesadas externas.

Potenciar la transparencia de las responsabilidades y tareas de la CGR

En el momento de la Revisión por Pares, la OCDE concluyó que la CGR no proporcionaba información a sus partes interesadas con relación a sus normas, procesos y métodos de auditoría. Según un estudio sobre el acceso a la información elaborado en 2013, la puntuación general de la CGR a la hora de responder a las solicitudes de acceso a información, así como de la confiabilidad y puntualidad de la información, aumentó con respecto a 2012 pero seguía siendo inferior al periodo 2009-2011(GfK Adimark, 2013).

La modificación en 2002 de la Ley Orgánica de la CGR permitió a esta institución desarrollar su propio reglamento sobre procedimientos de auditoría. El nuevo Reglamento de Auditoría se presentó en enero de 2015 y establece las principales directrices y elementos metodológicos de sus actividades de control externo. Dado que los reglamentos de auditoría definen los procedimientos y plazos de las auditorías individuales, durante la fase de desarrollo se solicitó la opinión y comentarios de representantes del Poder Ejecutivo. Los reglamentos de auditoría se publicarán en su sitio web institucional, que la CGR sigue actualizando tanto en su estructura como en su contenido, incluyendo gran cantidad de información sobre sus productos, procedimientos y opiniones que afectan a la gestión pública. Uno de los participantes encuestados por parte de la OCDE como parte de este estudio destacó la importancia de compartir dichas normas y reglamentos para aumentar la confianza en la objetividad de los procesos de la CGR.

El Portal Ciudadano documenta ahora el progreso de las auditorías en curso con respecto al plan de auditoría anual de manera que los ciudadanos puedan contribuir a su desarrollo y ofrecer sus aportaciones en distintos momentos del proceso.[1] Una de las partes interesadas confirmó que la CGR había ampliado la información compartida sobre auditorías anteriores a través del suministro de información en línea y mediante la celebración de reuniones.

Los esfuerzos realizados para mejorar la estrategia de participación se dirigen fundamentalmente a incrementar la gama de información compartida con las partes interesadas, y a proporcionar mayores oportunidades para interactuar en persona fuera de los encargos de auditoría individuales. Asimismo, se comparten las normas con otras EFS (reglas, procesos y métodos de auditoría), con unidades de control interno, con el CAIGG y con responsables de reglamentos del Poder Ejecutivo.

Los funcionarios de la CGR indicaron que la participación en persona de las partes interesadas a lo largo del proceso de auditoría sólo había aumentado de manera moderada frente al año anterior, pero que ha cambiado de forma significativa si se analizan los últimos cinco años. La participación de la CGR con las entidades auditadas a lo largo del proceso de auditoría se analiza más adelante con mayor profundidad.

Potenciar la claridad del trabajo de la CGR y superar las barreras digitales

La CGR ha adoptado medidas, si bien relativamente limitadas, para mejorar la claridad y la facilidad de uso de su trabajo, haciendo especial hincapié en la actualización del contenido en línea y la eficiencia de sus portales. Asimismo, también se han realizado mejoras en la sistematización del sistema a través del cual la CGR recopila los resultados de las auditorías, el denominado SICA 4.0 (Sistema Integrado para el Control de Auditorías), que promueve la mejora de la precisión de los resultados y la claridad de su presentación. La CGR está tratando de mejorar la claridad de los resúmenes ejecutivos para que las partes interesadas los entiendan mejor. Si bien la CGR utiliza una guía de estilo en sus informes, los comentarios obtenidos de las partes interesadas externas sugieren que la CGR podría conseguir que los informes de auditoría y las comunicaciones resultaran más fáciles de usar, y que el uso de recursos infográficos podría ser una forma ilustrativa y clara de representar la información más compleja.

Asimismo, la CGR también introducirá en 2015 una aplicación móvil para que los ciudadanos puedan utilizar sus teléfonos móviles para presentar quejas y plantear sugerencias. Dado que Chile se enfrenta a una importante brecha digital,[2] el hecho de permitir que los usuarios sin Internet puedan tener acceso a estos contenidos constituirá un paso importante para llegar a una mayor base de público y superar las barreras digitales.

Centrando su atención de manera específica en el Congreso

El 12 de diciembre de 2014, la CGR firmó un Protocolo de Acuerdo con el Congreso Nacional, en virtud del cual la Contraloría General rendirá cuentas a la Cámara en el mes de junio de cada año. La Contraloría General definirá los principales resultados de los informes y observaciones pertinentes, incluidos aquellos aspectos que se hayan abordado y también los que no hayan sido abordados, con anterioridad al debate del anteproyecto de presupuesto para el año siguiente. Asimismo, la Contraloría General participa en las reuniones del Congreso cuando es invitada periódicamente a la Cámara de Diputados para revisar proyectos de ley, gastos o cuando se le convoca para presentar resultados de auditorías específicas.

Los funcionarios de la CGR confirmaron que ha habido una mejor coordinación y una mayor atención prestada a los parlamentarios, así como una mayor participación y asistencia proporcionada por los miembros del parlamento a las oficinas de auditoría regionales, así como un aumento de la información compartida entre los miembros del Congreso y la CGR. Asimismo, la CGR distribuye un boletín electrónico de noticias municipales y un boletín electrónico de noticias sobre la ejecución presupuestaria del Gobierno Central, que también pone a disposición de los parlamentarios.

Involucrar a los auditados para desarrollar una relación de trabajo más constructiva

De las cinco entidades auditadas presentadas en la encuesta externa, todas ellas experimentaron un aumento de la interacción entre su institución y la CGR en 2014. Sin embargo, el alcance de dicho aumento varió –una de ellas indicó un incremento sustancial, tres un incremento moderado y una un incremento limitado. Los mecanismos a través de los cuales se produjo esta interacción incluyeron seminarios y reuniones fuera de los encargos de auditoría individuales, en los que se abarcaron temas específicos de auditoría o en los que se implantaron programas piloto de procesos. La CGR también ha realizado esfuerzos para compartir más información sobre el proceso de auditoría, tal y como se indica más adelante.

Ampliar el alcance de la información comunicada a los auditados durante el proceso de auditoría

Es importante que exista una relación de trabajo constructiva y profesional con los auditados y con auditoría interna para que los encargos de auditoría tengan la eficiencia y calidad oportunas, y lo mismo suceda con el sistema bajo el que opera la CGR. La percepción de los auditados sobre la CGR –al indicar que se centraba excesivamente en el cumplimiento– puede que se deba en parte a la falta de claridad de los procedimientos de auditoría. El hecho de que exista una interacción limitada entre los auditores y los auditados oculta la importancia de la auditoría en el contexto de la gobernanza en su sentido más amplio. Se han efectuado recomendaciones para mejorar las relaciones de trabajo entre estos dos grupos con respecto a los siguientes asuntos:

(i) *Materiales de comunicación relacionados con la auditoría*

En el momento de la Revisión por Pares de la OCDE, los encargos de auditoría de la CGR se iniciaban con una notificación formal del inicio de la auditoría, con una antelación de entre uno y tres meses, y con una reunión inicial con el responsable de la entidad pública, que podía celebrarse con un preaviso de un día. Los nuevos reglamentos de auditoría exigen a la CGR que informe al auditado del origen de la auditoría (planificada o no planificada), objetivo, período de desarrollo e informes que se emitirán como resultado de ella. La puesta en común de esta información otorga legitimidad a la metodología de la CGR y proporciona confianza en la objetividad de la CGR a la hora de seleccionar a los auditados y los asuntos analizados.

Los nuevos reglamentos de auditoría exigen que la CGR comunique, al comienzo de cada año, el inicio de todas las auditorías por entidad que se llevarán a cabo en ese año. Esta medida se aparta de la práctica anterior que consistía en notificar a los auditados sobre el inicio de las auditorías individuales mediante un procedimiento escrito. Asimismo, el plan operativo anual se publicará ahora en el sitio web de la CGR para aportar plena transparencia sobre las actividades previstas. Dado que la CGR consideraba anteriormente que esta información era privilegiada y la retenía para mantener el factor sorpresa de sus encargos de auditoría, este cambio pone de manifiesto la mayor disposición por parte de la CGR a compartir información de utilidad.

Una de las partes interesadas sugirió que sigue habiendo falta de claridad en los objetivos de los materiales de revisión proporcionados con anterioridad a la auditoría. Esto apunta a la necesidad de seguir realizando esfuerzos para mejorar la claridad y la calidad de los materiales de comunicación al tiempo que se incrementa su alcance.

(ii) Interacción en persona en torno a la auditoría individual

De los cinco auditados que participaron en la encuesta de la Revisión de Progreso, uno había experimentado un incremento en la interacción con la CGR tanto antes, como durante y con posterioridad a la auditoría. Uno de los encuestados percibió un incremento en la fase previa a la auditoría y otro durante la auditoría. No obstante, dos de los encuestados no experimentaron ningún incremento en 2014 en la interacción mantenida a lo largo del ciclo de auditoría, lo cual sugiere que el incremento de su interacción (tal y como se indica anteriormente) se limitó a fuera del encargo de auditoría individual. El auditado que indicó haber experimentado un incremento en la participación anterior a la auditoría sugirió que podría mejorarse la comunicación de los auditores involucrados y podría explicarse mejor el proceso de revisión. Es importante destacar este comentario dado que los nuevos reglamentos de auditoría no requieren la participación de los auditores en las reuniones de inicio.

El auditado que experimentó un incremento en la interacción durante la auditoría sugirió que la CGR podría considerar la posibilidad de celebrar reuniones para comunicar los resultados antes de su formulación por escrito. Esto puede guardar relación con los comentarios proporcionados por otras partes interesadas que indican que el limitado tiempo proporcionado a las entidades auditadas para responder a los resultados hace que sea difícil procesar la información y, posteriormente, implementar las recomendaciones.

(iii) Comunicación en torno a los resultados de auditoría

La Revisión por Pares de la OCDE concluyó que 7 de las 11 EFS pares tenían estrategias específicas con relación a los auditados, las cuales requerían que la EFS resumiera los principales retos y riesgos a los que se enfrenta el auditado y que la EFS quiere abordar.[3] El 92% de los funcionarios de la CGR cree que la comunicación de temas y tendencias recurrentes genera un impacto sustancial o moderado a la hora de conseguir que las entidades auditadas sean más conscientes de las cuestiones a las que se enfrenta su entidad u otras entidades.

Los auditados que fueron encuestados indicaron que los resultados de la auditoría y las recomendaciones proporcionadas por la CGR son claros, si bien uno de ellos indicó que un grupo de usuarios más amplio quizá no fuera capaz de comprender la información publicada, por lo que recomendaba incluir recursos infográficos e imágenes para facilitar su comprensión. Asimismo, se planteó la recomendación adicional de actualizar y agilizar las fórmulas y vías disponibles para que las entidades auditadas respondan a las observaciones.

Estas preocupaciones de las partes interesadas en torno a la claridad de la comunicación de los resultados y asuntos de auditoría pueden abordarse a través de la metodología que la CGR está desarrollando para comunicarse con los auditados en relación con asuntos recurrentes de su entidad de manera más sistemática, tal y como se indica más adelante. Con este objetivo en mente, la CGR está implantando un programa piloto de consolidación de informes a través del cual se aclaren los principales resultados, problemas y soluciones sugeridas.

Involucrar a auditados fuera de las auditorías individuales

La guía publicada por INTOSAI (2010) sobre *Cómo Aumentar el Uso y el Impacto de los Informes de Auditoría* sugiere que la relación entre las EFS y el auditado ha de ser continua e ir más allá de los encargos de auditoría individuales. Si bien la CGR no contaba con una estrategia relacionada con los auditados en el momento de la Revisión por Pares, las unidades de control externo están realizando un mapa de las partes interesadas y recopilando información a través de reuniones para desarrollar estrategias para grupos específicos. Este ejercicio incluye también a las entidades auditadas.

Las unidades de control externo han empezado a desarrollar talleres con auditados para familiarizarse con sus opiniones sobre el trabajo de la CGR. Estos talleres tienen la ventaja recíproca de ayudar a las entidades auditadas a superar los problemas identificados y a la vez promover que se valore aún más el trabajo de la CGR. Asimismo, permiten que la CGR identifique debilidades en sus actividades que posteriormente pueden abordarse a través de sesiones de capacitación.

Los funcionarios de la CGR reconocen que la consolidación de las Unidades de Control Externo han derivado en una mejor comprensión y un mayor conocimiento de las entidades, pero la mejora generalizada de esta adquisición de conocimiento ha de ser una práctica continua. Cuatro de las cinco partes interesadas han confirmado un incremento moderado o sustancial en lo bien que la CGR comprende su entidad, mientras que una de las partes consultadas indicó que no se había producido ningún cambio.

Tabla 1.2. Evaluación de las iniciativas para la estrategia de comunicación y participación de la CGR

Resumen de las principales recomendaciones procedentes de la Revisión por Pares de la OCDE 2013-2014	¿Percepción de los cambios por parte de los funcionarios de la CGR en 2014?	¿Impacto en el personal de la CGR?	¿Impacto en las partes interesadas externas?	Principales iniciativas de 2014	Según los funcionarios de la CGR: ¿qué desafíos impiden materializar el pleno potencial de las iniciativas en curso?
Fortalecer la estrategia de comunicación y mejorar la comunicación con todas las partes interesadas: • Definiendo y comprendiendo a los distintos tipos de público • Potenciando la transparencia de las responsabilidades y encargos de la CGR • Potenciando la facilidad de uso y la claridad de los productos de la CGR y explorando medidas para superar las barreras digitales • Centrando su atención de manera específica en el Congreso Involucrar a los auditados para desarrollar una relación de trabajo más constructiva: • Ampliando el alcance de la información comunicada a los auditados • Comunicándose con las entidades auditadas fuera de los encargos de auditoría individuales	¿En qué medida se han producido cambios en este ámbito en 2014? Ninguna: 0 Limitada: 6% Moderada: 42% **Sustancial: 53%** NS/NC: 0 ¿Qué conllevaron estos cambios? Consolidación de procesos existentes y desarrollo de nuevos procesos	¿Qué impacto han tenido los cambios (en su caso) realizados en la estrategia de participación de la CGR en la comprensión y uso del trabajo de la CGR por parte de las partes interesadas? Ninguno: 0 Limitado: 26% **Moderado: 42%** Sustancial: 32% NS/NC: 0	En 2014, ¿en qué medida aumentó su comprensión y uso del trabajo de auditoría desarrollado por la CGR? Ninguna: 20% Limitada: 10% **Moderada: 50%** Sustancial: 20% NS/NC: 0	Proyecto de Mejora Integral de la Función de Control Externo Rediseño de la estrategia de comunicación y mapa de partes interesadas Creación de un Consejo de la Sociedad Civil Lanzamiento de nuevos reglamentos de auditoría Desarrollo de una aplicación móvil para los teléfonos móviles de los ciudadanos Firma del Protocolo de Acuerdo con el Congreso Talleres y sesiones de capacitación continua	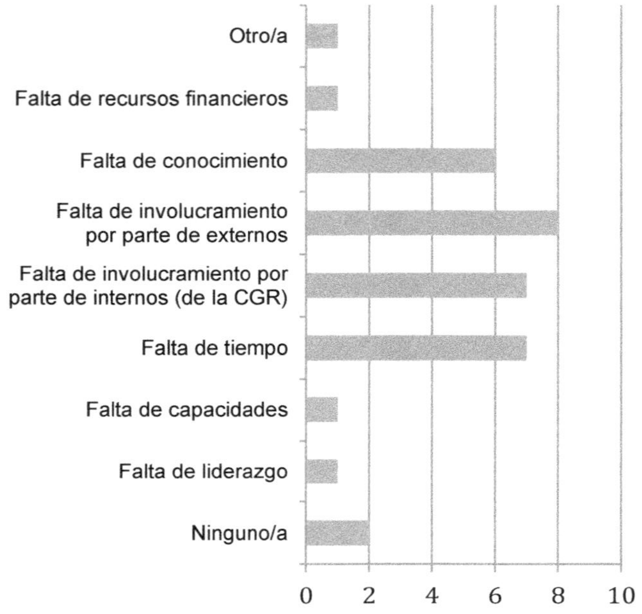

2) Apoyo al control interno

Las responsabilidades de auditoría interna de la CGR se comparten con el Consejo de Auditoría Interna General de Gobierno – (CAIGG). La CGR es responsable de supervisar y guiar las actividades de las unidades de auditoría interna dentro de las entidades públicas, mientras que el CAIGG es el responsable formal de proponer políticas, planes, programas y medidas de control interno para la administración pública. Los dos órganos de coordinación empezaron a trabajar juntos en 2012 para evitar confusiones o solapamientos en los requisitos de los auditados.

No obstante, la Revisión por Pares de la OCDE concluyó que las actividades de la CGR, y su cartera en términos más generales, respondían en cierto sentido a las debilidades del sistema de control interno de Chile, debido a *i)* la ausencia de tribunales administrativos independientes; *ii)* la ausencia de un mandato legal y de la profesionalización de la función de auditoría interna/control interno; y *iii)* las preocupaciones por la independencia y profesionalización de las unidades de auditoría interna y las unidades legales. El Gobierno de Chile está redefiniendo en la actualidad la estructura y el funcionamiento del modelo de auditoría interna.

En este contexto, la Revisión por Pares de la OCDE proporcionó un análisis exhaustivo del control *ex ante* de la legalidad por parte de la CGR –la denominada toma de razón– dado que sigue siendo un control importante para el mantenimiento de la ley y el orden en Chile. La toma de razón (TdR) es una verificación preventiva *ex ante* de la legalidad de determinados actos administrativos, que se centra exclusivamente en el cumplimiento legal del espectro de los marcos jurídicos nacionales e internacionales aplicables. Está relacionada fundamentalmente con actos administrativos relativos al personal, a las obras públicas y a las adquisiciones.

Esta función es llevada a cabo por la CGR, a diferencia de lo que sucede en otros países homólogos, en donde es responsabilidad del Poder Ejecutivo y no de la EFS[4]. Este control *ex ante* tiene la ventaja de que puede evitar daños al Estado antes de que se produzcan (INTOSAI, 1977, Apartado 2). Sin embargo, la aplicación generalizada de la TdR conlleva el riesgo de minar los incentivos de los responsables de las entidades públicas a la hora reforzar el control interno, en caso de que se basen en el control *ex ante* de la CGR en lugar de emplear mecanismos de control para verificar el cumplimiento de los marcos jurídicos oportunos por parte de los actos. Asimismo, las entidad públicas pueden prestar una atención excesiva a los actos sujetos al control *ex ante*, duplicando esfuerzos e incurriendo en costos de oportunidad para ambas partes. La Revisión por Pares de la OCDE realizó sugerencias para enfocar y aplicar la toma de razón de una manera que pueda reforzar el control interno en Chile, apuntando que deben realizarse cambios en la toma de razón al tiempo que se efectúen mayores esfuerzos en la administración pública. En la Tabla 2 se resumen las principales recomendaciones y sus beneficios previstos.

Tabla 2.1. Resumen de las principales recomendaciones y beneficios previstos de la Revisión por Pares de la OCDE

Recomendaciones específicas	Beneficios previstos / objetivos
Apoyar de manera proactiva los esfuerzos realizados para consolidar un sistema independiente, capaz y eficiente de control interno en el sector público chileno: • Realizando evaluaciones de fortalezas y debilidades, desafíos y oportunidades de mecanismos existentes, entre los que se incluyen las unidades legales y de control interno, y promover el debate de las políticas para facilitar la toma de decisiones • Proporcionando a las entidades públicas una información estructurada con respecto a temas recurrentes en base al tipo de acto administrativo o de entidad pública a fin de apoyar la identificación de fórmulas que mejoren la toma de decisiones administrativas • Proporcionando orientaciones y apoyo a la profesionalización y al desarrollo de capacidades de control interno, teniendo en cuenta las normas internacionales del Instituto de Auditores Internos para la práctica profesional de la auditoría interna • Utilizando los encargos de auditoría *ex ante* para potenciar la madurez del control interno basado en el riesgo dentro de las entidades públicas y para desarrollar prácticas de buena gestión, entre las que se incluyen: integrar la automatización de los encargos de auditoría *ex ante* de la CGR con los sistemas TIC de gestión pública, y aplicar exenciones a los encargos de auditoría *ex ante* de la CGR a fin de incentivar una mejora sostenida en la toma de decisiones y en el control interno	Asistir en el desarrollo de un marco de control institucional más sólido que pueda proporcionar mejores orientaciones y capacidades para mejorar la agilidad estratégica del sector público. Incentivar a los gestores públicos para que refuercen el control interno y la madurez de sus sistemas de gestión así como para que destinen una mayor atención a las competencias apropiadas de los funcionarios que ocupen puestos en las unidades legales, financieras, de contratación pública y de gestión de recursos humanos Potenciar la convergencia de Chile hacia las normas internacionales de auditoría interna y control

Iniciativas e impacto desde la Revisión por Pares

Apoyar de manera proactiva los esfuerzos para consolidar el control interno

Los funcionarios de la CGR consideraban que el alcance de los cambios conseguidos por el modelo de la CGR para reforzar el control interno en 2014 fue tan sólo limitado (33%)[5]. Estos cambios fueron incrementales, y se atribuyeron fundamentalmente a la consolidación de actividades y procesos existentes en lugar de a la introducción de nuevas actividades y procesos.

Para cumplir su función de coordinación, la CGR ha hecho hincapié en el portal de comunicación que se comparte entre la CGR y las unidades de control interno de la administración. Dicho portal sirve como medio para promover las buenas prácticas, compartir lecciones aprendidas y abordar las cuestiones de las unidades de auditoría interna. Asimismo, tiene como objetivo promover un mejor entendimiento de la complementariedad de las funciones de auditoría interna y externa, así como la importancia y capacidad para desempeñar sus respectivas responsabilidades de control. Desde la revisión, la CGR:

- ha seguido colocando en su portal noticias sobre la CGR, dictámenes legales, decisiones del tribunal de cuentas en relación con las actuaciones de los auditores internos, normas utilizadas con mayor frecuencia, normas contables, normas de la INTOSAI, documentos de interés y un directorio de aproximadamente 1 000 auditores internos públicos.

- ha prestado atención para seguir respondiendo a las cuestiones planteadas por auditoría interna o las unidades de control que se canalizan a través del portal. El tiempo promedio de respuesta para las consultas planteadas por las entidades del sector público es de cinco días hábiles. En 2014, la mayoría de las preguntas guardaron relación con la correcta interpretación de las leyes relacionadas con la gestión de recursos humanos (por ejemplo, sustituciones, subrogaciones y potenciales conflictos de interés), cuestiones financieras (asignación de gastos correspondientes a sanciones y costos de representación) así como funciones y procedimientos institucionales.

Sin embargo, la CGR introdujo una nueva iniciativa que proporciona a otros actores (esto es, a los ciudadanos) una herramienta para ejercer una mayor supervisión y control. La CGR lanzó en diciembre de 2014 el portal GEO-CGR que almacena y permite publicar, articular y consultar información georreferenciada sobre la inversión de recursos en obras públicas, con el objetivo de promover el control social proporcionando a los ciudadanos y a otros usuarios las herramientas necesarias para monitorear información confiable y puntual categorizada por territorios. Los usuarios pueden presentar reclamaciones y sugerencias sobre el control, facilitando una participación más activa y sencilla de los ciudadanos a la hora de garantizar el control en el sector público.

Realizar evaluaciones de mecanismos de control interno y promover el debate para facilitar la toma de decisiones

A medida que la CGR desarrolla nuevas metodologías para evaluar el control interno de forma más amplia, ha comenzado a implantar una serie de cuestionarios piloto para evaluar el entorno de control interno a fin de confirmar o ajustar el intervalo de confianza de la CGR en el entorno de control desde su nivel de confianza del 95%. Los resultados de estas pruebas se pueden encontrar en la plataforma SICA 4.0.

Esta comprobación preliminar proporcionaría información de gran valor para la evaluación sistemática de los mecanismos de control interno, que la CGR aún debe explorar en mayor profundidad.

Proporcionar a las entidades públicas información sobre temas recurrentes para apoyar la mejora de la toma de decisiones basada en evidencias

La encuesta de funcionarios de la CGR mostró que el 92% de los funcionarios consultados cree que la comunicación de temas recurrentes genera un impacto sustancial o moderado a la hora de conseguir que las entidades auditadas sean más conscientes de dichas cuestiones. Las partes interesadas de la CGR se mostraron de acuerdo con el hecho de que resulta útil recibir directrices basadas en la acumulación de análisis e informaciones procedentes de auditorías transversales. Esto aumenta el nivel de análisis proporcionado por las observaciones de las auditorías individuales, extrayendo tendencias y riesgos que se detecten en su entidad y en distintas entidades. De las cinco entidades auditadas que han participado en este Informe de Progreso, tres de ellas confirmaron que la CGR ya ha compartido información sobre temas recurrentes de su entidad y ha sugerido soluciones para remediarlas. Estas tres entidades comunicaron que las soluciones recomendadas habían sido muy útiles para abordar los asuntos recurrentes.

Sin embargo, el impacto del trabajo de la CGR a la hora de apoyar el control interno depende de la capacidad y disposición de la entidad a implementar recomendaciones alineadas con las cuestiones detectadas en las auditorías. Las partes interesadas externas indicaron que la principal desventaja de los procesos de seguimiento existentes de la CGR era la insuficiente cantidad de tiempo asignada para que la entidad responda a las recomendaciones (y para que pueda solucionar las cuestiones identificadas). Según otra de las partes interesadas, la concentración de la CGR en el cumplimiento de los plazos no contribuye a la aplicación de soluciones que sean sostenibles o eficaces. Asimismo, una de las partes interesadas recomendó que la CGR estandarice sus criterios para los procedimientos judiciales, a la vista de que las entidades tienen unos criterios generales de administración pública más amplios que son diferentes y que pueden dar lugar a confusiones por parte de la entidad.

En la segunda mitad de 2015, las unidades de control interno adquirirán parcialmente la responsabilidad de verificar el cumplimiento de los requisitos de seguimiento establecidos en el modelo de seguimiento de la CGR de 2012, examinando la corrección de observaciones menores e informando a las unidades de seguimiento de la CGR acerca de sus resultados. Esto conlleva el beneficio doble de ampliar la cobertura de seguimiento de la CGR al tiempo que dota de mayor capacidad a las unidades de control interno en el ejercicio de su función de control.

A partir de 2015, las unidades de control interno recibirán informes de seguimiento consolidados que indicarán todas las observaciones a corregir y sus respectivas fechas de corte. El sistema de información SICA 4.0 ha sido mejorado y permite procesar y sintetizar varios resultados de auditoría para poder elaborar clasificaciones de entidades del sector público y municipios. Esta síntesis tiene en cuenta las recomendaciones que se han rectificado y los procedimientos disciplinarios asociados a las entidades. Esto refleja una tendencia que se aparta del monitoreo de informes de auditoría y se orienta al monitoreo de observaciones más amplias, que se mantendrán activas hasta que sean corregidas, con independencia de su fecha o relación con una auditoría individual.

Proporcionar orientaciones y apoyo a la profesionalización y la capacidad del control interno

La coordinación y cooperación entre las EFS y los auditores internos del sector público pueden apoyar de manera eficaz y eficiente los encargos de auditoría y de otra naturaleza para ambas partes, pero deben gestionarse para evitar que se reduzca la confidencialidad, independencia y objetividad (INTOSAI, 2010b).

Con anterioridad a la revisión de la OCDE, la CGR limitaba su interacción en persona con las unidades de auditoría interna a la celebración de una reunión anual para apoyar la comunicación continua y las relaciones institucionales entre ambas partes. En 2011, la CGR creó un portal en línea de unidades de auditoría interna a fin de apoyar la comunicación y compartir información con los auditores internos a nivel de gobierno central y municipal.

Desde la Revisión, la CGR ha aumentado sus interacciones con las unidades de control y auditoría interna, y ocasionalmente con el CAIGG, a través de reuniones, seminarios y sesiones de capacitación tales como el seminario "*Un aporte de gobernanza distinto: el control interno*". Los temas y objetivos abordados en estas reuniones han incluido el fortalecimiento de la cooperación mutua y el empoderamiento de todos los grupos a fin de garantizar un mejor monitoreo de las observaciones y los resultados. Los funcionarios de la CGR indicaron que las entidades auditadas han mostrado un gran interés en participar. En enero de 2015, la CGR reunió a expertos internacionales junto con unidades de control interno para que participaran en un foro dirigido a fortalecer el control interno que contó con una gran asistencia.

En el marco de su papel de coordinación de las auditorías internas en Chile, la CGR está liderando la convergencia del sector público hacia las NICSP (Normas Internacionales de Contabilidad del Sector Público), proporcionando información relacionada en el portal de auditoría interna y llevando a cabo sesiones de capacitación. La participación ha sido una pieza clave de cada una de las fases de la integración de las NICSP. La División de Análisis Financiero de la CGR ha solicitado la participación de las unidades de control interno para que ayuden en el desarrollo de un plan de regularización de los activos fijos, como parte de la fase piloto del proceso de convergencia.

Utilizar encargos de auditoría ex ante para potenciar el control interno basado en el riesgo

A fin de mitigar los potenciales obstáculos que se presenten a la hora de fortalecer el control interno mediante la amplia aplicación de la TdR, la Revisión de la OCDE recomendó que la CGR considerara la posibilidad de utilizar exenciones de la TdR con más frecuencia para "hacer evolucionar" los actos o las entidades, e integrar aún más la automatización de los encargos de auditoría *ex ante* de la CGR en los sistemas TIC del Gobierno.

La CGR llevó a cabo un estudio entre 2012 y 2014 para estimar el valor económico de la TdR, junto con otros productos del trabajo de la CGR, que se centraba en actos de administración en funciones legales, de infraestructura y personal. Los resultados preliminares han puesto de manifiesto los impactos potenciales de los cambios efectuados en 2008 en la función de la TdR, incluido el hecho de que las exenciones a la TdR por umbral financiero pueden incentivar la fragmentación de los contratos para evitar que estén sujetos al control *ex ante*. El estudio también ha indicado el éxito obtenido por el desarrollo de "contratos marco", que permiten que las entidades del sector público utilicen servicios de una lista de proveedores aprobada previamente durante un periodo máximo de tres años sin necesitar para ello una aprobación *ex ante* adicional. Estos contratos han reducido el número de actos sujetos a la TdR y, según dicho cálculo específico, han generado una elevada rentabilidad económica. Este análisis costo-beneficio podría ampliarse aún más para incluir actos de otras áreas administrativas sujetas a la TdR, con un ajuste en el lado de los costos para extraer mayores implicaciones para las políticas con relación al valor de la TdR frente a otros productos de la CGR (CGR, 2014a).

Dado que se trata de un elemento clave de su trabajo, la CGR había adoptado una serie de medidas para potenciar la puntualidad y coherencia en la manera en que llevaba a cabo el control *ex ante* de la legalidad (TdR), sobre todo tras las modificaciones de 2008. El encuestado del Poder Ejecutivo que participó en la Revisión de Progreso sugirió que la TdR sigue siendo importante para evitar errores que podrían incurrir los funcionarios del sector público, si bien apunta que se trata de un proceso lento. Teniendo en cuenta las cuestiones de eficacia y eficiencia, la CGR lanzó en 2009 el SIAPER (Sistema de Información y Control del Personal de la Administración del Estado). Lo que empezó como una base de datos para la CGR sobre la administración del personal y las decisiones de recursos humanos se ha transformado en una plataforma para la digitalización de la TdR. El módulo SIAPER TRA (SIAPER Toma de Razón Automática) entró en funcionamiento en su fase piloto en 2014, permitiendo que un total de 20 entidades del sector público pueda procesar en línea cuestiones de la TdR relacionadas con el personal.

La automatización de SIAPER para cuestiones relacionadas con el personal refleja un cambio en el modelo de control *ex ante* de la CGR, trasladando la responsabilidad de validar y monitorear todos los actos de la CGR a las entidades públicas, que son ahora responsables de adoptar las medidas oportunas. Esto aporta una mayor confianza a las entidades para que implementen sus controles internos de forma oportuna, incrementando la madurez del sistema de control interno, y se ve complementado por la función *ex post*, que se mantiene para detectar casos en los que las entidades no hayan tenido éxito en sus actuaciones. Este importante cambio, que exigió que se modificara la legislación (ley 20 766)[6] en relación con la forma en que la CGR se relaciona con la administración, ha hecho posible que la CGR reasigne recursos para poder desempeñar otras tareas que son importantes para incrementar la madurez de otras áreas clave de la gobernanza del sector público.

Tabla 2.2. Evaluación de las iniciativas de la CGR para apoyar el control interno en Chile

Resumen de las principales recomendaciones procedentes de la Revisión por Pares de la OCDE 2013-2014	¿Percepción de los cambios por parte de los funcionarios de la CGR en 2014?	¿Impacto en el personal de la CGR?	¿Impacto en las partes interesadas externas?	Principales iniciativas de 2014	Según los funcionarios de la CGR: ¿qué desafíos impiden materializar el pleno potencial de las iniciativas en curso?
Apoyar de manera proactiva los esfuerzos realizados para consolidar un sistema independiente, capaz y eficiente de control interno en el sector público chileno: • Realizando evaluaciones de mecanismos de control existentes, entre los que se incluyen las unidades legales y de control interno, y promover el debate de las políticas para facilitar la toma de decisiones • Proporcionar a las entidades públicas información estructurada sobre temas recurrentes para apoyar la mejora de la toma de decisiones administrativas • Apoyar la profesionalización y el desarrollo de capacidades de control interno • Utilizar encargos de auditoría *ex ante* para potenciar la madurez del control interno basado en el riesgo dentro de las entidades públicas	¿En qué medida se han producido cambios en este ámbito en 2014? Ninguna: 0 **Limitada: 33%** Moderada: 22% Sustancial: 22% NS/NC: 17% ¿Qué conllevaron estos cambios? Fundamentalmente la consolidación de actividades y procesos existentes	¿Qué impacto han tenido los cambios efectuados en el modelo de control interno de la CGR a la hora de reforzar el control interno de Chile? Ninguno: 5% Limitado: 26% **Moderado: 42%** Sustancial: 11% NS/NC: 16%	¿Qué impacto tiene la CGR en el fortalecimiento del control interno en el sector público? Ninguno: 9% Limitado: 9% Moderado: 9% **Sustancial: 73%** NS/NC: 0	Actualización del portal compartido con las unidades de auditoría interna Entrega de informes consolidados y comunicación de temas recurrentes Liderazgo de la implementación de las normas de contabilidad NICSP Implantación del programa piloto del sistema SIAPER TRA para actos de TdR relativos al personal (20 entidades del sector público) Lanzamiento del portal GEO-CGR Continuación del desarrollo de informes de seguimiento consolidados (2014) y procesos de seguimiento (para 2015)	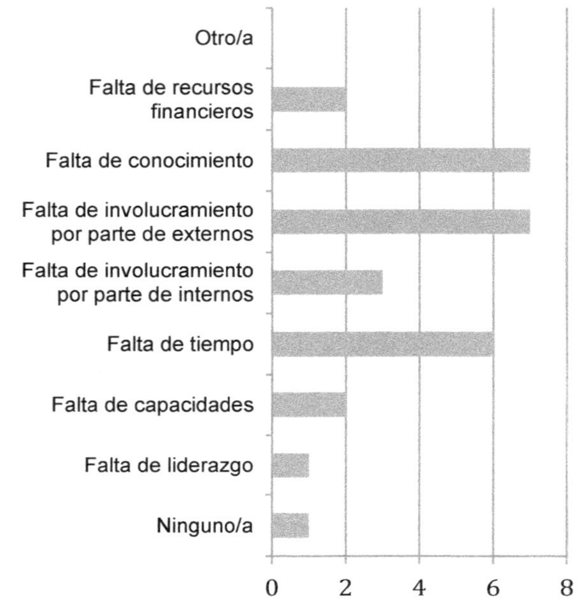 Otro/a Falta de recursos financieros Falta de conocimiento Falta de involucramiento por parte de externos Falta de involucramiento por parte de internos Falta de tiempo Falta de capacidades Falta de liderazgo Ninguno/a 0 2 4 6 8

3) Alineación y equilibrio de la cartera de la CGR

Las Normas Internacionales de las Entidades Fiscalizadoras Superiores (ISSAI) definen tres tipos generales de auditorías del sector público: auditorías financieras, de cumplimiento y de desempeño. Tal y como se indica anteriormente, un elemento clave de la cartera de la CGR es el control *ex ante* de la legalidad que se centra en el cumplimiento y la legalidad de los actos propuestos. Los encargos de auditoría *ex post* de la CGR se centran fundamentalmente en el cumplimiento de las normas legales para salvaguardar los fondos públicos y promover la integridad administrativa. La CGR se centraba en la identificación de errores y eficiencias, pero no en las causas originales de las deficiencias.

Con anterioridad a la Revisión de la OCDE, la CGR había cambiado sus encargos de auditoría de cumplimiento *ex post* para proporcionar un enfoque más global de las entidades públicas y los programas del gobierno. Por ejemplo, en 2008, la CGR introdujo programas de auditorías transversales y nacionales. Las auditorías nacionales se centran en un mismo asunto dentro de una única entidad pública central que tenga actividades por todo el país. Las auditorías transversales se centran en un mismo asunto a través de una serie de entidades centralizadas y descentralizadas que compartan una jerarquía común o una dependencia financiera de la misma entidad pública central.

La CGR no audita los estados financieros al cierre del ejercicio de las entidades públicas individuales o del gobierno en su conjunto.[7] El caso de Chile es diferente al de muchas EFS ya que es la CGR, y no el Poder Ejecutivo, la que consolida el informe del gobierno al cierre del ejercicio utilizando la información proporcionada por los municipios y las entidades públicas. La OCDE recomendó introducir una auditoría de los estados financieros anuales emitidos por las entidades públicas individuales que estuviera vinculada al calendario de preparación del presupuesto.

La CGR no lleva a cabo auditorías formales del desempeño, lo cual la convierte en una institución atípica en relación con las EFS de referencia en la Revisión por Pares, si bien pueden aparecer cuestiones económicas, de eficiencia y de eficacia en los encargos de auditoría individuales de manera *ad hoc*. La CGR no audita la confiabilidad de la información financiera, ni tampoco de la información no financiera. Si bien las unidades de auditoría interna dentro de las entidades públicas individuales pueden proporcionar una certeza razonable acerca de la confiabilidad y puntualidad de la información del desempeño no financiero, ésta no está garantizada.

Uno de los principales desafíos a los que se enfrentaba la CGR era la comunicación de los resultados de sus distintos encargos de auditoría de una forma que trasladara dichos resultados a la atención de las autoridades del gobierno, de los funcionarios públicos y del público en general. Las partes interesadas de la CGR dentro del Poder Ejecutivo y Legislativo, así como los representantes de la sociedad civil y de los medios de comunicación, consideran que resulta difícil articular cuáles son los principales problemas que la CGR ha planteado en relación con entidades públicas específicas, sectores del gobierno o funciones de gestión. De este modo, las recomendaciones de la Revisión por Pares se centraron en la alineación de la cartera de la CGR con el plan estratégico, garantizando que su trabajo pueda evolucionar con las necesidades del sector público y de Chile en su conjunto, tal y como se detalla en la Tabla 3.1.

Tabla 3.1. Resumen de las principales recomendaciones y beneficios previstos de la Revisión por Pares de la OCDE

Recomendaciones específicas	Beneficios previstos / objetivos
Potenciar la sensibilidad estratégica de las tendencias y riesgos emergentes que afectan a la gobernanza pública y a las cambiantes expectativas de la sociedad como aportación a la planificación estratégica y a la modernización institucional de la CGR, incluidos los siguientes aspectos: • Establecer capacidades y procesos para recabar de manera continua información externa sobre tendencias y riesgos actuales que afecten a la gobernanza • Vincular esta información con las fuentes de la CGR para que se puedan mantener discusiones internamente y priorizar los encargos de auditoría *ex post* a través de evaluaciones del riesgo y la materialidad Utilizar encargos de auditoría *ex post* para potenciar la responsabilidad sobre el uso de los recursos públicos y para evaluar la confiabilidad de la información generada y presentada por entidades públicas para aumentar el uso de dicha información en los procesos de rendición de cuentas y de toma de decisiones, incluidos: • Auditar la confiabilidad de la información sobre el desempeño no financiero junto con la auditoría de los estados financieros anuales • Auditar asuntos relativos al conjunto del gobierno que sean clave para que el gobierno pueda adquirir una mayor agilidad estratégica (incluidos sistemas de toma de decisiones, prácticas de gestión regulatoria y control interno) • Proporcionar productos de valor agregado, presentar los resultados del trabajo de auditoría *ex post* de nuevas maneras para involucrar aún más a los responsables de la gobernanza, incluyendo el desarrollo de productos que combinen los resultados de los diferentes encargos de auditoría *ex post*, demostrando las tendencias comunes y las causas originales a todos los niveles del gobierno	Centrar sus encargos de auditoría en el buen funcionamiento de los sistemas del gobierno y en la comprensión de los problemas recurrentes y las causas originales, en lugar de limitarse a la identificación de los actos ilegales, para apoyar mejor los esfuerzos dirigidos a reforzar la gobernanza pública a nivel nacional y subnacional. Proporcionar asesoramiento y capacidad de previsión de gran valor a los responsables de la gobernanza sobre las tendencias y riesgos que afecten a la gobernanza pública. Centrar la atención del Poder Legislativo y de los ciudadanos en el contenido y en la confiabilidad de la información que el gobierno genere. Asegurarse de que se dispone de un capital humano adecuado para responder a los cambios de la administración pública (o, de manera similar, permitir que la institución responda a los problemas emergentes de gobernanza y se adapte a las cambiantes circunstancias, reequilibrando y ajustando sus funciones y su plantilla internamente)

Iniciativas e impacto desde la Revisión por Pares

Usar la sensibilidad a las tendencias y riesgos del sector público como aportación a la planificación estratégica

Establecer capacidades para recabar información sobre tendencias y riesgos que afecten a la gobernanza

En el marco del Proyecto de Mejora Integral de la Función de Control Externo, que incluye 32 iniciativas, la CGR ha celebrado varios seminarios, ponencias y grupos focales para recabar información sobre sus distintos tipos de público y el uso que hagan del trabajo de la CGR. Tal y como hemos indicado anteriormente, las partes interesadas externas reconocen los esfuerzos realizados, y confirman que su participación con la CGR ha aumentado en 2014. Todas las partes interesadas tenían conocimiento de estas oportunidades de interacción y la mayoría (8 de un total de 11) habían participado en conversaciones con relación a asuntos relativos al conjunto del gobierno.

Con objeto de profundizar en las medidas adoptadas por la CGR para reestructurar su personal, las recomendaciones de la Revisión de la OCDE se centraron en la necesidad de continuar con esta reestructuración a fin de desarrollar competencias que le proporcionen la capacidad necesaria para cumplir su plan estratégico a largo plazo. Dado que las funciones *ex ante* y *ex post* requieren diferentes combinaciones de habilidades, la OCDE recomendó que la CGR desarrollara y vinculara claramente un sistema de gestión de competencias que guíe la contratación de capacidades y habilidades necesarias para apoyar su plan estratégico a largo plazo. Desde entonces, la CGR ha realizado actualizaciones a su modelo de gestión basado en competencias, sintetizando las necesidades de habilidades básicas y avanzadas asociadas a los diferentes puestos e implementando programas asociados a través de cursos en distintas plataformas (*e-learning*, capacitación en aulas y capacitación guiada y combinada). En este contexto, se está diseñando un nuevo modelo de evaluación basado en el desempeño y se ha establecido un programa piloto para los responsables de las unidades.

La OCDE también ha recomendado que la CGR aborde la fragmentación de su gestión de los recursos humanos, que estaba ubicada en diferentes unidades con una insuficiente coordinación entre ellas. La OCDE valora positivamente la introducción en 2014 del Área de Desarrollo de Personas, que engloba a los departamentos de personal, capacitación, bienestar y calidad de vida profesional, a fin de dotar a la gestión de los recursos humanos de un enfoque más estratégico y coherente.

La CGR también está trabajando para mejorar su eficiencia y eficacia interna, y ha establecido objetivos para desarrollar trabajos interdivisionales a través de "acuerdos de servicios internos". Estos acuerdos exigen que dos divisiones de la CGR formalicen su compromiso con respecto a determinados productos para que se ejecuten de manera colaborativa, utilizando determinados productos e hitos acordados como criterios para la gestión del desempeño. Está previsto que la CGR desarrolle el mismo tipo de acuerdo colaborativo con las partes interesadas externas, que también vinculará con los objetivos de desempeño de los funcionarios de la CGR. Esto permitirá que la CGR pueda trazar conclusiones horizontales con más facilidad y se mantenga informada sobre trabajos relevantes internamente.

Finalmente, la consolidación de una base de datos en 2014 y 2015 permitirá que la CGR se apoye de forma más eficiente en una base de recursos más completa y comparativa. Se han desarrollado dos nuevas matrices para observaciones y actividades de seguimiento de entidades, que hacen posible organizar mejor la información correspondiente que se deriva de las auditorías, permitiendo clasificar las complejidades de las observaciones de auditoría. A partir de estas matrices, la CGR ha agregado los resultados de los informes de auditoría por entidad y por sector, tal y como se indica a continuación.

Vincular información sobre tendencias y riesgos con la planificación, implementación y seguimiento de auditoría de la CGR

El proceso de priorización de la CGR es integral e incorpora evaluaciones de riesgos y de materialidad que analizan las prioridades del gobierno (perspectiva estratégica), la importancia de una entidad para el desarrollo social nacional (perspectiva social), así como las características de la prestación del servicio (perspectiva funcional). Actualmente, la CGR está integrando unos conocimientos más profundos de las entidades auditadas y de los ciudadanos para su proceso de priorización descendente (*top-down*) y ascendente (*bottom-up*), a través de encuestas y grupos focales definidos, y trabaja para aumentar la relevancia y el entendimiento de los encargos de auditoría y de sus resultados para todos sus usuarios.

Asimismo se ha prestado una mayor atención a canalizar las necesidades regionales en la priorización de las cuestiones. La CGR asigna el 55% de su capacidad a auditorías planificadas y el 45% a solicitudes imprevistas o no planificadas. Casi el 80% de la capacidad dirigida a solicitudes no planificadas surge como respuesta a necesidades regionales.

Utilizar la auditoría ex post para potenciar la responsabilidad sobre los recursos públicos

Auditar la confiabilidad de la información del desempeño financiero y no financiero

Es la CGR, y no el Poder Ejecutivo, la que consolida el informe del gobierno al cierre del ejercicio utilizando la información proporcionada por los municipios y las entidades públicas. En el momento de la Revisión por Pares, se recomendó que la CGR considerara reorientar sus encargos de auditoría *ex post* para auditar la confiabilidad de la información no financiera y del desempeño comunicada por las entidades. La racionalización de la información financiera de las entidades y la emisión de observaciones sobre su confiabilidad de forma sistemática y puntual refuerzan la base de evidencias e influye en las importantes decisiones presupuestarias que se toman.

En su papel de fijación de normas contables para el sector público de Chile, la CGR se ha embarcado en un proceso de cinco años de duración para la convergencia del sector público hacia las NICSP (Normas Internacionales de Contabilidad del Sector Público). Las NICSP se introdujeron en 2011 y entrarán en vigor en 2016, y exigirán que 226 entidades públicas del Gobierno Central (y, posteriormente, 345 municipios) presenten sus estados financieros con arreglo a estas normas internacionales de contabilidad. En su fase de integración de 2014, la CGR implantó un proyecto piloto relacionado con las NICSP para la regularización de los activos fijos, que requiere la colaboración de varias divisiones internas de la CGR así como de equipos superiores de trabajo designados en las entidades involucradas (CGR 2014b).

La División de Análisis Contable de la CGR introdujo en 2014 tres informes anuales que agregan información financiera sobre el "Financiamiento Fiscal a la Educación Superior", así como sobre la ejecución presupuestaria para el sector público y municipal. Además de aumentar el suministro de materiales sobre la actividad financiera del sector público, la CGR también expone a sus lectores a una presentación más sistemática de la información financiera.

Estas iniciativas tratan de sentar las bases para que las entidades puedan proporcionar su información financiera con arreglo a un formato y un calendario específicos que posibilite un análisis sistemático en el futuro de la confiabilidad de la información financiera. El proceso de convergencia a las NICSP ha exigido una mayor colaboración entre la CGR y la administración pública.

La CGR no audita la confiabilidad de la información sobre el desempeño no financiero. Las unidades de auditoría interna de las entidades públicas individuales pueden proporcionar una certeza razonable acerca de la confiabilidad y puntualidad de la información del desempeño no financiero. Sin embargo, dicha certeza no está ni mucho menos garantizada, y puede verse limitada por una capacidad y unas competencias que no estén óptimamente alineadas con los objetivos de la organización. Como respuesta a ello, la CGR está desarrollando una metodología para llevar a cabo auditorías del desempeño, que da margen para auditar la confiabilidad de la información del desempeño no financiero para su uso como aportación a otros procesos.

Auditar asuntos clave relativos al conjunto del gobierno

La Revisión por Pares de la OCDE recomendaba la implantación de un modelo basado en dos pilares para realinear su cartera en apoyo de su plan estratégico y de un Estado estratégicamente ágil, desarrollando nuevas capacidades y reasignando también capacidades existentes.

La Revisión por Pares analizaba los encargos *ex post* de la CGR, que se centraban en el cumplimiento y desarrollaban una limitada (y en ocasiones inexistente) integración de aspectos como la eficacia, la eficiencia o la economía de los programas o procesos. Desde 2011, la CGR ha estado desarrollando una metodología de auditoría del desempeño, integrando las normas ISSAI 100 y 300 y las aportaciones de entidades pares de la región, centrándose en la eficacia, eficiencia y economía. La CGR ha programado la implantación de proyectos piloto para el primer trimestre de 2015 y, entre tanto, ha llevado a cabo actividades complementarias dirigidas a apoyar una implementación sin fisuras, que incluye:

- Talleres dirigidos a compartir prácticas de gestión basada en el riesgo de las EFS y tendencias en la auditoría del desempeño, junto con OLACEFS y con apoyo financiero procedente del Banco Interamericano de Desarrollo.
- Actividades de desarrollo de competencias para funcionarios de la CGR, entre las que se incluyen: la certificación de evaluación de políticas públicas para 22 funcionarios, la participación de 17 funcionarios en el curso virtual de auditoría del desempeño organizado por OLACEFS, estancias virtuales y en persona en la EFS de México y la certificación de auditoría del desempeño para 4 funcionarios gestionada a través de la Iniciativa de Desarrollo Internacional de INTOSAI.
- Las 10 auditorías de sistemas llevadas a cabo en 2014 se centraron en la evaluación de servicios con un alto impacto en los ciudadanos y en la gestión del sector público, incluido ChileCompra, la Oficina Nacional de Emergencia, y el Servicio Nacional de Capacitación y Empleo, entre otros.

Los funcionarios de la CGR respaldaron la auditoría del desempeño como herramienta eficaz y necesaria para apoyar a los responsables de la toma de decisiones en el sector público, mientras que otros han indicado que será necesario contar con apoyo político y económico de la administración pública para su despliegue. Cabe apuntar que dos de las entidades auditadas encuestadas sugirieron que la utilidad de las evaluaciones de su eficiencia, eficacia y economía a la hora de apoyar las operaciones de sus entidades sería limitada. Sin embargo, desde la perspectiva del representante del Poder Legislativo, estas evaluaciones se considerarían muy útiles para la toma de decisiones y la rendición de cuentas en el sector público. En particular, permitirían la creación de normas y una convergencia más rápida hacia estándares más elevados en el sector público.

La automatización de SIAPER TRA constituye un paso importante para incrementar la madurez de los mecanismos de control interno de las entidades públicas, ya que reduce el tiempo de procesamiento y traslada la responsabilidad de la CGR a las entidades de cara al monitoreo y la verificación de actos relacionados con el personal. Si bien SIAPER solamente lleva plenamente operativo como sistema piloto desde 2014, los funcionarios de la CGR ya han indicado que ha tenido un impacto a la hora de reducir los plazos de procesamiento y permitir que la CGR reasigne recursos a tareas más productivas y a otros ámbitos prioritarios. Se trata de un avance positivo para las partes interesadas externas que también indicaron que los lentos plazos de procesamiento eran una debilidad en el proceso de la TdR.

Proporcionar productos de valor agregado y presentar resultados a través de nuevas fórmulas

Las percepciones externas de la orientación al cumplimiento por parte de la CGR reflejaban, en parte, una falta de sensibilización de la contribución general realizada por la CGR en el ámbito de la buena gobernanza. La Revisión de la OCDE concluyó que los resultados de las auditorías no se trasladaban de forma efectiva a los responsables de la toma de decisiones. Desde entonces, la CGR ha desarrollado y lanzado varios productos de valor agregado utilizando los análisis y auditorías *ex post* para presentar su trabajo mediante fórmulas novedosas y transversales. Algunos ejemplos de estas iniciativas se detallan a continuación.

- La CGR creó en 2014 una serie de informes que agregaban resultados de auditoría por sector y por entidad, un proceso que está previsto que se amplíe en 2015 una vez que se consolide la información de años anteriores en la base de datos anteriormente indicada. De los cinco auditados encuestados, todos ellos conocían los informes consolidados de la CGR. Si bien tres de ellos no los habían utilizado, los otros dos habían accedido a ellos y los encontraron muy útiles para su trabajo.
- La nueva matriz de observaciones categoriza los resultados en base a su nivel de complejidad (de altamente compleja a extremadamente compleja). Estas clasificaciones deberían contextualizar la observación a fin de potenciar el entendimiento del público y centrar la atención de las entidades públicas en observaciones más complejas.
- Tal y como se ha indicado anteriormente, a partir de 2015, se entregarán periódicamente a las unidades de auditoría interna informes de seguimiento que recopilen las observaciones pendientes de corregir y sus respectivas fechas de corte. Las unidades de auditoría interna asumirán mayor responsabilidad sobre la supervisión de su implementación, enfatizando una mayor distribución de la responsabilidad sobre los mecanismos de control interno.

Asimismo, se preguntó a las partes interesadas externas si un informe en línea sobre el estado de las actuaciones adoptadas por las entidades auditadas para remediar las observaciones proporcionaría un incentivo para que dichas entidades auditadas tomaran las medidas oportunas. La mayoría de las respuestas, incluidas las proporcionadas por los auditados, fueron positivas. Las reservas existentes al respecto guardaban relación con la necesidad de asegurarse de que dicho informe, al igual que cualquier otro, se presente de una forma que facilite su lectura y su comprensión, utilizando un lenguaje sencillo e infografías en la medida de lo posible. Tal y como se ha mencionado en el primer apartado, los esfuerzos adoptados para mejorar la facilidad de uso y acceso de los informes no pasarán desapercibidos. También se les preguntó a las partes interesadas externas si estos informes constituirían una herramienta útil para la supervisión de la administración pública por parte de los ciudadanos. Las impresiones obtenidas fueron que las partes interesadas consideran que estos informes tienen un mayor impacto en la supervisión ciudadana de la que tendrían a la hora de garantizar el cumplimiento de los auditados o la adopción de actuaciones con respecto a las observaciones.

Tabla 3.2. Evaluación sobre la alineación y el equilibrio de la cartera del CGR

Resumen de las principales recomendaciones procedentes de la Revisión por Pares de la OCDE 2013-2014	¿Percepción de los cambios por parte de los funcionarios de la CGR en 2014?	¿Impacto en el personal de la CGR?	¿Impacto en las partes interesadas externas?	Principales iniciativas de 2014	Según los funcionarios de la CGR: ¿qué desafíos impiden materializar el pleno potencial de las iniciativas en curso?
Promover la sensibilidad estratégica de las tendencias y riesgos emergentes que afecten a la gobernanza pública y a las cambiantes expectativas de la sociedad, incluido: • Recabar información externa sobre las tendencias y riesgos actuales que afecten a la gobernanza • Vincular esta información con fuentes de la CGR para que se puedan mantener discusiones internamente y priorizar los encargos de auditoría *ex post* Utilizar encargos de auditoría *ex post* para potenciar la responsabilidad sobre el uso de los recursos públicos y para evaluar la confiabilidad de la información, incluido: • Auditar la confiabilidad de la información sobre el desempeño no financiero junto con la auditoría de los estados financieros anuales • Auditar asuntos relativos al conjunto del gobierno (incluidos los sistemas de toma de decisiones, las prácticas de gestión regulatoria y el control interno) • Proporcionar productos de valor agregado, presentando resultados procedentes del trabajo de auditoría *ex post* a través de fórmulas novedosas	¿En qué medida se han producido cambios en este ámbito en 2014? Ninguna: 0 Limitada: 5% **Moderada: 53%** Sustancial: 31% NS/NC: 10% ¿Qué conllevaron estos cambios? Consolidación de procesos existentes y desarrollo de nuevos procesos	¿Cuál es el alcance de los cambios con respecto a la alineación y al equilibrio de la cartera de la CGR en 2014? Ninguno: 0 Limitado: 5% **Moderado: 53%** Sustancial: 32% NS/NC: 11%	En 2014, el **73%** de las partes interesadas externas interactuaron con la CGR para analizar cuestiones y tendencias que afectaban al conjunto de la administración pública.	Desarrollo de talleres y sesiones de capacitación para recopilar información que se incorpore a la planificación de auditorías y a la priorización de tareas Continuación del desarrollo de un sistema de gestión de competencias, vinculado a una nueva metodología de evaluación del desempeño Continuación del desarrollo de una metodología de auditoría del desempeño (piloto en 2015) Implantación de un programa piloto de nuevos informes abreviados consolidados sobre las observaciones y medidas adoptadas por entidad Emisión de informes consolidados por sector Desarrollo de observaciones y matrices de seguimiento	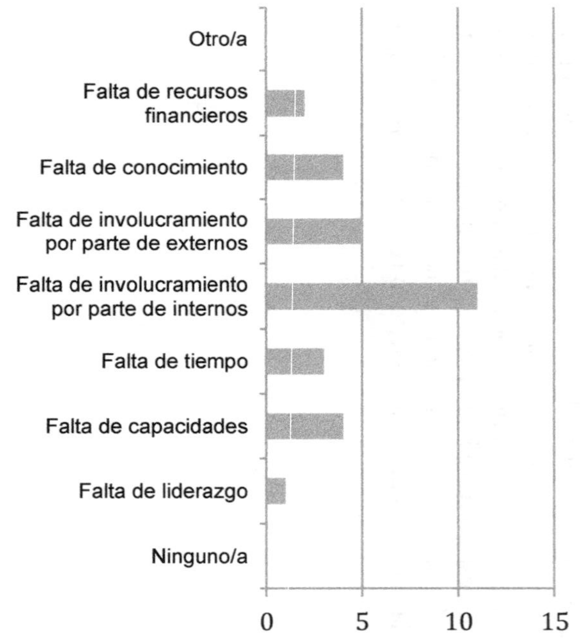

4) Superar desafíos y materializar los impactos pretendidos

Con el mismo compromiso que inspiró a la CGR a someter a su institución a una Revisión por Pares crítica y objetiva, la CGR ha progresado con respecto a muchas de las principales recomendaciones que se presentaron en el marco de dicha revisión. En un breve espacio de tiempo, la CGR ha profundizado en los procesos existentes y en los esfuerzos en curso, al tiempo que ha introducido actividades completamente nuevas en cada área en la que se ha centrado el presente Informe de Progreso. La Figura 4.1 pone de relieve el alcance de los cambios efectuados en las áreas de atención de la CGR, en base a las opiniones de los funcionarios de la CGR. Todos los funcionarios salvo uno indicaron que se había producido algún tipo de cambio en 2014. Este apartado proporciona información sobre las oportunidades que la CGR puede aprovechar para maximizar el impacto de sus actividades en el futuro.

Figura 4.1. Alcance de los cambios en las tres áreas principales en 2014.

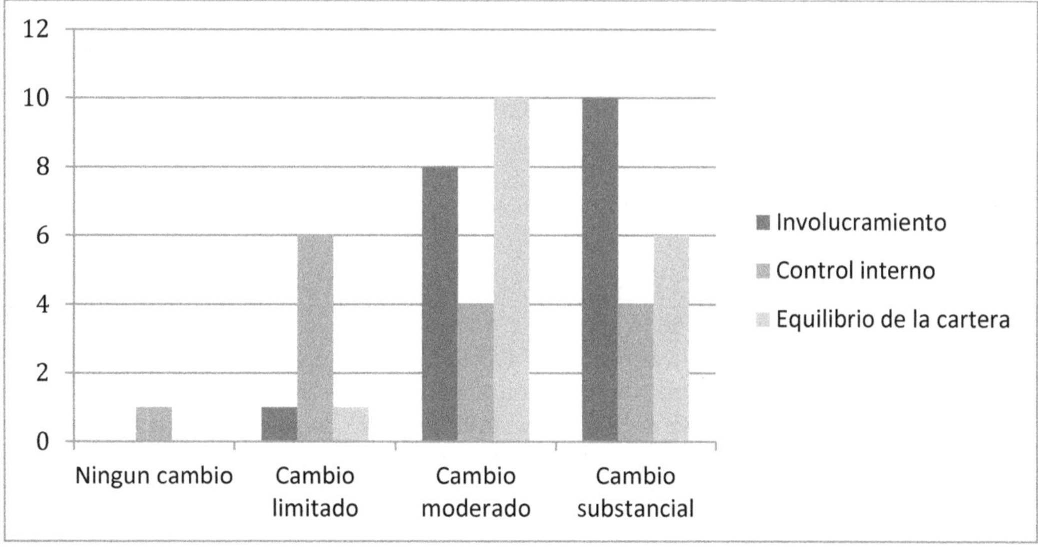

Estrategia de comunicación y participación

En 2014, la CGR siguió con su tendencia de incorporar una mayor transparencia, mejorar las reformas y procesos existentes e introducir nuevas iniciativas en línea con las recomendaciones de la OCDE. El 94% de los funcionarios de la CGR que respondieron a la encuesta indicaron que se había producido un cambio moderado o sustancial en su estrategia de participación en 2014, que había requerido fundamentalmente la introducción de nuevas iniciativas así como la actualización de procesos antiguos. Aún con todo, siguen existiendo desafíos.

Desde el principio, la CGR ha cambiado su estrategia de comunicación para definir y comprender mejor a sus distintos tipos de público, compartiendo aún más información en sus sitios web y en las plataformas del sector público. Estos esfuerzos no han pasado desapercibidos. La CGR ampliará su participación con las partes interesadas aún más en 2015 compartiendo las auditorías en curso en su sitio web, permitiendo que los ciudadanos no sólo conozcan a la CGR y sus procesos, sino que además interactúen con las auditorías individuales en tiempo real.

Asimismo, la CGR ha ampliado la gama de información que comparte con las entidades auditadas, lo cual incluye información sobre sus métodos y procesos, que debería servir para derribar barreras y profesionalizar unas relaciones de trabajo más eficientes. El aumento de las interacciones entre la CGR y las entidades auditadas se atribuye fundamentalmente a interacciones fuera del proceso de auditoría a través de seminarios y talleres.

Desde la Revisión por Pares de la OCDE, la CGR ha adoptado medidas importantes para aumentar su comunicación con los ciudadanos, lo cual ha sido reconocido por las partes interesadas externas, que han aplaudido los esfuerzos de la CGR a la hora de respaldar una mayor transparencia en Chile. El 70% de las partes interesadas externas comunicaron que habían conseguido un mayor entendimiento de la CGR en 2014, lo cual sugiere que estos esfuerzos están empezando a surtir efecto, pero que los beneficios de estas iniciativas aún no han llegado a todos los destinatarios previstos.

Debe prestarse la atención necesaria para asegurarse de que la información compartida y recabada sea clara y se traduzca en un verdadero entendimiento de los materiales, de manera que los esfuerzos efectuados no sean en vano. Las partes interesadas recomendaron asimismo una mayor clarificación, a través de informes escritos o en persona, para que los aspectos técnicos sean más accesibles para un público más amplio. Para asegurarse de que los materiales de la CGR se compartan y sean de fácil uso para el público se requiere además llegar a la ciudadanía superando las barreras digitales. La aplicación móvil de la CGR, que está prevista que se implemente en 2015, debería contribuir a llegar a aquellos usuarios que dispongan de *smartphones* pero no tengan acceso a Internet.

La utilidad del trabajo de auditoría como aportación para la toma de decisiones dependerá, hasta cierto punto, de la apertura y disposición de los responsables de la toma de decisiones a la hora de utilizarlo a estos efectos. Para ello, la CGR puede utilizar el impulso generado con la firma de un protocolo de acuerdo con el Congreso para involucrar a una base mayor de responsables de la toma de decisiones. Éste sin duda ha sido un paso fundamental para aumentar la confianza y la involucración de los principales actores responsables de la toma de decisiones y de la creación de políticas en Chile.

Apoyo al control interno

Dada su condición como uno de los dos organismos de coordinación de las auditorías internas, no es de sorprender que el 73% de las partes interesadas hayan indicado que la CGR tiene un impacto sustancial que desempeñar a la hora de fortalecer el control interno en el sector público. La CGR ha efectuado importantes esfuerzos para fortalecer el control interno, en la mayor medida que le permite su capacidad y su interacción con otros actores.

La CGR ha rediseñado su enfoque para involucrar a las unidades de control y de auditoría interna en beneficio de un mayor control interno. Un paso importante en este sentido fue la automatización de la TdR para asuntos relacionados con el personal en el sistema SIAPER. Esto refleja un cambio en la cultura relativa a la TdR y al control interno, que se aparta del tono de desconfianza y de la necesidad de que la CGR monitoree y verifique todas las actuaciones, y que se adentra en una cultura de confianza, que sitúa la responsabilidad en manos de las unidades de control interno. Esto se refleja además en los nuevos procesos de seguimiento, que trasladarán la responsabilidad de la CGR a las unidades de control interno para monitorear de manera más estrecha las actuaciones adoptadas por la entidad con respecto a las observaciones de auditoría. Esto demuestra los esfuerzos realizados para cambiar la forma en que la CGR se relaciona con la administración, y, en particular, con las unidades de control y de auditoría interna.

Las partes interesadas externas han acogido de buen grado los esfuerzos realizados por la CGR en materia de participación así como el rol desempeñado de manera continuada para fortalecer el control interno en Chile. Sus herramientas y mecanismos para obtener comentarios y opiniones (a través de reuniones y portales) se reconocen como importantes vehículos para fortalecer aún más la cooperación entre el control interno y externo. Esto se encuentra en línea con las respuestas proporcionadas por los funcionarios de la CGR, que ven la necesidad y la importancia de seguir profundizando en estas interacciones a través de sesiones de capacitación y el desarrollo de capacidades. Los funcionarios de la CGR y las partes interesadas externas sugirieron que se ha producido un cambio en la aceptación por parte de terceros, entre los que se incluyen los ciudadanos, en su papel en la rendición de cuentas y el control, y han recomendado que la CGR continúe profundizando en sus esfuerzos para empoderar a otros actores.

En vista de los muchos actores responsables del control interno en Chile, la adopción de un enfoque más global para fortalecer los mecanismos de control interno exige actuaciones por parte de todos los responsables. Esto puede explicar por qué los encuestados de la CGR difieren en su opinión sobre la medida en que se han producido cambios para apoyar el control interno. El 33% indicó que se había producido un cambio limitado en el refuerzo del sistema de control interno, mientras que el 22% consideraba que se habían producido cambios moderados y otro 22% cambios sustanciales.

Según los encuestados, los principales obstáculos a la hora de materializar los impactos de las iniciativas existentes y futuras son las dificultades para conseguir la aceptación de las partes interesadas externas y la falta de sensibilización al respecto en términos más generales. Conseguir la aceptación de las partes interesadas internas no se considera un obstáculo significativo, a diferencia de lo que parece suceder en otros asuntos de la presente Revisión de Progreso (Figura 4.2). Sin embargo, los funcionarios apuntan que la falta de tiempo constituye un desafío a la hora de materializar el pleno impacto de su trabajo en este ámbito.

Figura 4.2. Desafíos que impiden materializar el pleno potencial de las actividades en las tres áreas principales

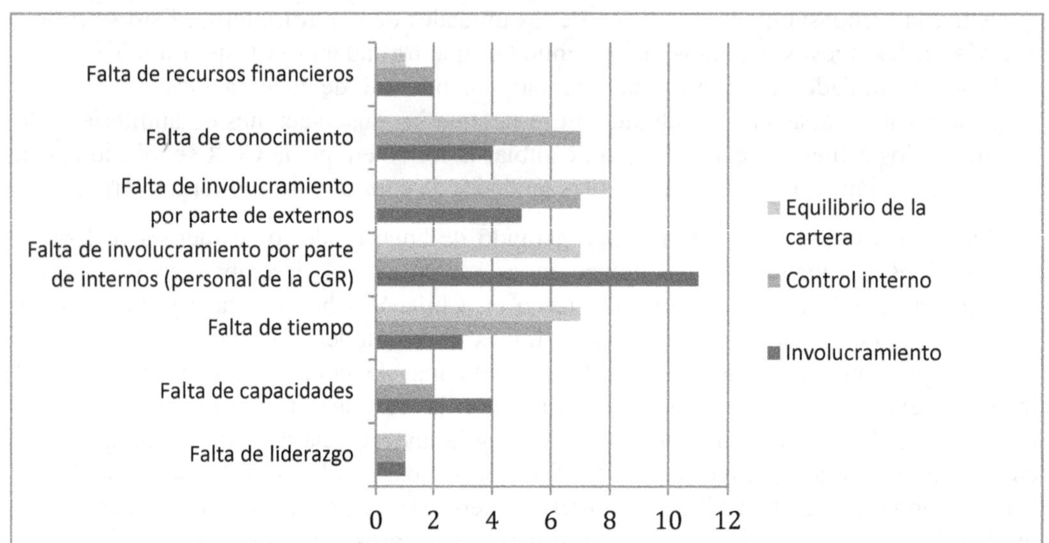

Estos resultados sugieren que la CGR puede que esté unida en sus enfoques y objetivos de control interno, pero que existen reticencias u obstáculos que deben abordarse externamente, lo cual exige tiempo y esfuerzos por parte de la CGR. No es de sorprender, por tanto, que uno de los funcionarios de la CGR apuntara a la necesidad de promulgar una mejor comprensión entre las partes interesadas de la importancia del control interno para la mejora de la gestión de sus entidades y, por tanto, para la buena gobernanza, la rendición de cuentas y la transparencia.

La mejora de las relaciones profesionales y de la sensibilización con respecto a los roles respectivos que todos los actores del sector público deben desempeñar contribuiría en gran medida a mejorar la eficacia de las iniciativas de la CGR, reduciendo tensiones entre las correspondientes autoridades. Esto exige un compromiso y un cambio cultural generalizado en el Gobierno, y no es algo que la CGR pueda hacer por sí sola.

A pesar de los obstáculos existentes, existen otras actividades que la CGR puede llevar a cabo en este ámbito. La OCDE ha recopilado las sugerencias de las partes interesadas externas y las ha combinado con las pertinentes recomendaciones de la Revisión por Pares. Son las siguientes:

- Seguir promoviendo las buenas prácticas, pero con la advertencia de que deben adoptarse esfuerzos para garantizar que las sugerencias se comuniquen como mejoras potenciales y no como imposiciones.
- Ofrecer clasificaciones de las entidades auditadas, centrándose en las entidades que estén consiguiendo un buen desempeño en lo que se refiere al seguimiento de las observaciones y al cumplimiento, de modo que sirvan como incentivos positivos.
- Uso más estratégico de la TdR, tal y como se recomendó en la Revisión por Pares, y como se ha ejercido mediante la aplicación de "contratos marco".
- Seguir mejorando la cooperación con el CAIGG para obtener una mayor claridad con respecto a sus roles y responsabilidades de control interno, así como los de las unidades de auditoría interna que son responsables de coordinar.

Alineación y equilibrio de la cartera de la CGR

El 84% del personal de la CGR encuestado para la elaboración del presente Informe de Progreso concluyó que se había producido un cambio moderado o sustancial en la alineación y el equilibrio de la cartera. Se han conseguido avances, sobre todo a la hora de automatizar la función *ex ante* y confirmar una metodología para ampliar su función *ex post*. Sin embargo, la CGR se enfrenta a obstáculos de cara a implementar estas y otras iniciativas que permitan a la CGR auditar la confiabilidad de la información financiera y no financiera, así como evaluar asuntos relativos al conjunto del gobierno de forma sistemática.

Tanto los funcionarios de la CGR como las partes interesadas externas han destacado la voluntad política como obstáculo fundamental a la hora de materializar cambios en la alineación y en el equilibrio de la cartera. Sin embargo, el principal obstáculo según los funcionarios fue, de hecho, conseguir la aceptación de las partes interesadas internas, lo cual apunta a la necesidad de mejorar la capacidad y las habilidades como parte de la implantación de los cambios. Con este fin, la CGR puede profundizar en los avances conseguidos en el ámbito de la gestión de competencias. Asimismo, la colaboración entre divisiones que se exigirá a los funcionarios de la CGR través del nuevo sistema de evaluación del desempeño debería contribuir a que las observaciones transversales puedan ser respaldadas por los funcionarios de la CGR de una manera más unificada.

Parece que se ha producido un cambio en el enfoque de la CGR con respecto a la administración pública, que demuestra una mayor disposición a trasladar la responsabilidad del control *ex ante* de la legalidad a las unidades de control. Las partes interesadas sugieren que la comunicación en torno a dichos ajustes debería emplear un tono colaborativo y educativo para seguir reduciendo la percepción de la CGR como una institución punitiva y orientada al cumplimiento.

La CGR ha realizado esfuerzos para generar un mejor entendimiento del trabajo que desarrolla entre sus partes interesadas. El aumento de la frecuencia de la interacción tiene la ventaja recíproca de permitir que la CGR pueda recopilar información detallada sobre las necesidades de las partes interesadas que puede integrarse mejor en el trabajo y en las prioridades de la propia CGR. Se necesita una mayor sensibilización en ambas partes para mantener la relevancia del trabajo de auditoría, trasladar los resultados a la atención de los responsables de la toma de decisiones y asegurarse de que los resultados sean bien comprendidos una vez llevados a su atención.

Los auditados han indicado que, en su opinión, los productos consolidados que promueven las mejores prácticas y lecciones del sector público resultan de gran utilidad. La CGR podría ampliar y divulgar aún más estos nuevos productos de valor agregado para promover una mayor sensibilización sobre la importancia de la eficacia, la eficiencia y la economía para la administración pública del siglo XXI, familiarizando así aún más a los funcionarios de la CGR y a las partes interesadas con los elementos que integrarán las futuras evaluaciones del desempeño.

Anexo – Hoja de Ruta para la Contraloría General

Transversales

- Impulsar la implementación de una División de Aseguramiento de la Calidad, que vele por la oportunidad, calidad de todos los procesos y productos organizacionales
- Formular un nuevo plan estratégico acorde a los desafíos actuales.
- Implementación de la Metodología y Sistema de Gestión de Proyectos Estratégico.
- Disponibilizar en la página web institucional el portal de Transparencia de Resultados de la Contraloría cuyo objetivo es integrar en una única plataforma las estadísticas relacionadas con la gestión y resultados de todas las funciones de la institución. Dicha plataforma contendrá informes ejecutivos, considerando distinto niveles de desagregación de la información, por ejemplo, en el caso de control externo reportes por sector, entidad, materia, tipos de observación, entre otros.
- Elaboración y difusión de estudios de interés vinculados a las funciones y productos de la Institución.
- Continuar el proceso de mejora de los productos de la Contraloría, utilizando un lenguaje sencillo y claro, que permita la usabilidad de los mismos por parte de las distintas partes interesadas externas.
- Garantizar el funcionamiento activo de los distintos consejos que colaboran con la Contraloría: Asesor de la Sociedad Civil y NICSP.
- Potenciar la colaboración con la Administración del Estado, a través de la distintas instancias de cooperación tales como: mesas de trabajo, portales (GEO CGR, UCI, CYC, CONTABILIDAD, SIAPER, ESTUDIOS REMUNERATORIOS, OLACEFS) y capacitación externa.
- Continuar el proceso de colaboración permanente con las EFS de la región, a través de pasantías, capacitación, colaboración técnica, entre otras.
- Desarrollar e implementar mecanismos de acción que permitan detectar y clasificar los errores y observaciones más frecuentes en que incurren los Servicios en materias de Toma de Razón, auditoría, y contabilidad, con objeto de retroalimentarlos y reforzar determinados contenidos mediante la emisión de manuales, instructivos u oficios.

Institucionales

Función de auditoría

- Ampliar los canales de vinculación con la ciudadanía para asegurar la participación e integración de sus aportes al proceso de fiscalización y potenciar el Consejo Asesor Ciudadano, y los portales Contraloría y Ciudadano y GEO CGR.
- Ejecución del convenio de colaboración con la Cámara de Diputados, con miras a presentar en el mes de julio de 2015 la primera cuenta pública ante dicha instancia legislativa.
- Continuar el proceso colaborativo con la Administración del estado a partir del trabajo que se inició en 2014 con las mesas de trabajo.
- Publicación de los reportes a través del cual se informan los resultados de la función, considerando distinto niveles de desagregación de la información por ejemplo: sector, entidades, materias, tipos de observación; ranking de comportamiento de la Administración el cual permitirá en primer lugar destacar a aquellos servicios que se ajusten a la normativa vigente; y otro tipo de información acorde a los requerimientos específicos de las distintas partes interesadas externas.
- Entregar los resultados de las auditorías en informes ejecutivos.
- Análisis permanente de los estándares internacionales de auditorías derivado de los organismos rectores como INTOSAI y OLACEFS e incorporarlo en lo que corresponda, por ejemplo, avanzar en la implementación de las metodologías para las auditorías financieras y de desempeño.
- Adaptar la metodología de auditoría y preparar a los funcionarios, para el proceso de adopción de las Normas Internacionales de Contabilidad del Sector Público (NICSP).
- Consolidar el modelo de colaboración con las unidades de control interno.
- Ejecutar las siguientes etapas del modelo de certificación de la malla curricular de auditoría.
- Profundizar el proceso de integración del SICA con los diversos sistemas informáticos de la Contraloría.

JURÍDICA:

- Propender a la emisión de dictámenes que sean de fácil uso y comprensión por parte de la ciudadanía, cumpliendo para ello con atributos como: lenguaje sencillo, acotados en su extensión, con conclusiones precisas y oportunos.
- Avanzar en la tramitación electrónica de la toma de razón y de los pronunciamientos jurídicos.
- Implementar la nueva Base de Jurisprudencia para optimizar las búsquedas de dictámenes y pronunciamientos jurídicos, mejorando la gestión documental.

- Fortalecer los canales y mecanismos a través de los cuales la función jurídica se relaciona y responde a los requerimientos del entorno, perfeccionando la atención jurídica especializada, las mesas de trabajo y el portal jurídico municipal.
- Avanzar en el seguimiento de la aplicación de las medidas disciplinarias de los sumarios e investigaciones desarrollados por la CGR.
- Avanzar en el proceso de colaboración en materia de obra pública, por ejemplo, fomentando el uso de las bases tipo de licitación.
- Avanzar en la relación de más y mejores estudios remuneratorios y potenciar la difusión de estos.
- Completar en la consolidación de SIAPER Toma de Razón Automática a nivel de todos los servicios públicos del país.
- Aumentar la interoperabilidad de SIAPER con los otros sistemas de la CGR y con otros de la Administración del Estado.

Contabilidad

- La implementación de las Normas internacionales de Contabilidad para el sector público (NICSP), normativa que será aplicable a partir 2016 a las entidades insertas en el artículo 2° del DL. N°1.263/75.
- Implementar la normativa internacional de contabilidad en el sector municipal con la colaboración del Banco Mundial.
- Implementación del Sistema de Contabilidad General de la Nación en su nueva versión (SICOGEN II). Este sistema aborda importantes elementos de innovación tecnológica incorporando reglas de validación financiera, realizando un análisis en tiempo real de consistencia de la información enviada por el servicio, emitiendo fichas por institución a las cuales podrán tener acceso los ciudadanos, siendo un avance en materia de transparencia y open data.
- Realizar un estudio sobre la situación actual de la administración y control de activos fijos, incluyendo las obras de infraestructura pública y concesiones.
- Ampliar y profundizar el alcance de los estudios y reportes respecto al uso de los recursos públicos, respondiendo de mejor manera a las expectativas y necesidades de usuarios tanto internos, como a las partes interesadas externas involucradas.
- Apoyar a la función de auditoría para la implementación de auditorías financieras usando toda la información que se disponibilizará a partir de la implementación de las NICSP.
- Fortalecer el proceso de seguimiento y correcciones de inconsistencias, identificadas como parte del programa de observaciones contables.

Jurisdiccional

- Generar estrategias de acción destinadas a fortalecer el funcionamiento del Tribunal de Cuentas, acercar su labor a la ciudadanía y posicionarlo a nivel nacional e internacional.

- Apoyar el perfeccionamiento del sistema THEMIS, a fin de que se constituya en un producto de última generación, al servicio del adecuado y oportuno cumplimiento del mandato legal del órgano jurisdiccional.
- Propender a la expresión de las resoluciones del tribunal en un lenguaje claro y sencillo, de cara a la comunidad.
- Continuar mejorando los procesos de atención de público, incorporando nuevas modalidades de servicio y el uso de tecnologías de información para esos efectos.

Internos

Personas

- Aplicación del modelo de gestión de personas basado en el mérito y las competencias de los funcionarios.
- Aplicación del modelo de evaluación del desempeño.
- Continuar con la implementación del modelo de certificaciones, basadas en la aprobación progresiva de las mallas curriculares diseñadas para las distintas funciones.
- Elaborar nuevo reglamento de calificaciones que se ajuste a la diversidad de cargos y funciones de la Institución.
- Presentar al Ejecutivo un proyecto de ley que formalice un incremento en los incentivos asociados a metas institucionales y la creación de una asignación asociada al cumplimiento del convenio de desempeño.
- Profundizar la implementación del programa de desarrollo de liderazgos para jefaturas, identificando nuevos talentos que puedan asumir cargos de responsabilidad.
- Potenciar el desarrollo del sistema informático de gestión de personal.
- Diseñar e implementar un programa de gestión del cambio en la cultura organizacional, que permita enfrentar los nuevos desafíos de la institución en cada una de sus funciones, instalando un enfoque de calidad de servicios y cercanía respondiendo a los requerimientos del entorno.

Infraestructura

- Diseño y construcción de las sedes regionales de Iquique, Atacama y Coquimbo, siguiendo con la estrategia de autonomía de sus instalaciones respecto a la Administración.

Tecnológicos

- **Mayor Cobertura**, aumentar el uso por parte de la Administración, de las plataformas tecnológicas de la Contraloría, en temas de tramitación electrónica de documentos, toma de razón automática, contabilidad y materias de fiscalización.
- **Interoperación**, aumentar las capacidades de interoperabilidad de TI con otros servicios tanto nacionales como internacionales, integrando sistemas y aprovechando las sinergias que ello representa.

- **Estandarización**, en cuanto a la metodología de diseño y desarrollo de los sistemas, fortaleciendo la operación y continuidad del servicio entregado por ellos.
- **Calidad y Servicio**, incorporar estándares de control de calidad de los sistemas y productos tecnológicos que son desarrollados internamente.

Servicios

- Fomentar la medición de la calidad en los servicios entregados, a través de la opinión de los usuarios.
- El área de Servicios Gráficos debe seguir potenciando el diseño digital, puesto que en términos de tiempo y costo es más óptimo que las impresiones. Lo anterior, se enmarca en la política de ahorro de papel que contribuye al cuidado del medio ambiente y en la optimización de recursos institucionales.
- Proyecto de Digitalización debe seguir creciendo en aras de aumentar el tipo de documentación a considerar en este proceso.

Notas

1 Desde el 18 de febrero, se puede encontrar información sobre el progreso de las auditorías en el Portal Ciudadano (Contraloría y Ciudadano) bajo el Plan de Auditoría para 2015 "PLAN OPERATIVO DE AUDITORIAS 2015", http://www.contraloria.cl /NewPortal2/portal2/ShowProperty/BEA%20Repository/Sitios/Ciudadano/Contribuy a.

2 En el momento de la revisión de la OCDE, tan solo el 25% de los hogares chilenos tenían acceso a Internet de banda ancha, mientras que el promedio de la OCDE era del 67%, tal y como se analiza en "Entidad Fiscalizadora Superior de Chile", página 238.

3 En el momento de la Revisión, las EFS de Australia, Dinamarca, la Unión Europea, Italia, Portugal, Sudáfrica y España cuentan con estrategias relacionadas con los auditados, tal y como se analiza en "Entidad Fiscalizadora Superior de Chile", Tabla 4.3, página 218.

4 Tal y como se documenta en la Revisión por Pares de la OCDE, la función de auditoría *ex ante* no existía en la mayor parte de las EFS de referencia, mientras que en las instituciones en las que se encuentra presente, el alcance es limitado, ya sea funcionalmente (por ejemplo en Italia) o económicamente (por ejemplo en Portugal).

5 Algunos funcionarios de la CGR observaron un cambio moderado o sustancial (22% respectivamente).

6 Ley 20 766, de julio de 2014.

7 Una excepción son las auditorías financieras de las empresas de suministro en zonas aisladas (EMAZA) y los préstamos facilitados a Chile por las instituciones financieras multilaterales, tales como el Banco Interamericano de Desarrollo o el Banco Mundial.

Bibliografía

CGR (2015), *"Desafíos Contraloría General"*, Hoja de Ruta para la Contraloría General, CGR, Santiago.

CGR (2015), *Reporte estratégico: Estado de la implementación de las principales recomendaciones realizadas por la OCDE a la Contraloría General de la República de Chile*, CGR, Santiago.

CGR (2014a), *Estimación del Valor Económico del Control Fiscal Superior, El Caso de la Contraloría General de la República de Chile*, CGR, Santiago.

CGR (2014b), *Boletín nº 5: diciembre de 2014*, División de Análisis Contable de NICSP, CGR, Santiago.

GfK Adimark (2013), *Informe Barómetro de Acceso a Información, 2013* [Access to Information Barometer Report, 2013] GfK Adimark, Chile, disponible en www.anp.cl/images/docs/Resultados%20Bar%C3%B3metro%202013_VF.pdf.

INTOSAI (2010), *How to Increase the Use and Impact of Audit Reports: A Guide for Supreme Audit Institutions*, INTOSAI Capacity Building Committee, http://cbc.courdescomptes.ma.

Libertad y Desarrollo (2014), *Encuesta de Corrupción 2014* [Corruption Survey, 2014], Libertad y Desarrollo, Chile, disponible en: http://lyd.org/wp-content/themes/LYDs_mf/encuestadecorrupci%C3%83%C2%93n2014.pdf.

OECD (2014), *Entidad Fiscalizadora Superior de Chile: Mejorando la agilidad estratégica y la confianza pública* [Chile's Supreme Audit Institution: Enhancing strategic agility and public trust], OECD Publishing, Paris.

ORGANIZACIÓN DE COOPERACIÓN Y DE DESARROLLO ECONÓMICOS (OCDE)

La OCDE constituye un foro único en su género, donde los gobiernos trabajan conjuntamente para afrontar los retos económicos, sociales y medioambientales que plantea la globalización. La OCDE está a la vanguardia de los esfuerzos emprendidos para ayudar a los gobiernos a entender y responder a los cambios preocupaciones del mundo actual, como el gobierno corporativo, la economía de la información y los retos que genera el envejecimiento de la población. La Organización ofrece a los gobiernos un marco en el que pueden comparar sus experiencias políticas, buscar respuestas a problemas comunes, identificar buenas prácticas y trabajar en la coordinación de políticas nacionales e internacionales.

Los países miembros de la OCDE son: Alemania, Australia, Austria, Bélgica, Canadá, Chile, Corea, Dinamarca, Eslovenia, España, Estados Unidos de América, Estonia, Finlandia, Francia, Grecia, Hungría, Irlanda, Islandia, Israel, Italia, Japón, Luxemburgo, México, Noruega, Nueva Zelanda, Países Bajos, Polonia, Portugal, Reino Unido, República Checa, República Eslovaca, Suecia, Suiza y Turquía. La Comisión Europea participa en el trabajo de la OCDE.

Las publicaciones de la OCDE aseguran una amplia difusión de los trabajos de la Organización. Éstos incluyen los resultados de la compilación de estadísticas, los trabajos de investigación sobre temas económicos, sociales y medioambientales, así como las convenciones, directrices y los modelos desarrollados por los países miembros.

OECD PUBLISHING, 2, rue André-Pascal, 75775 PARIS CEDEX 16
(42 2016 01 4 P) ISBN 978-92-64-25188-5 – 2016

www.ingramcontent.com/pod-product-compliance
Lightning Source LLC
LaVergne TN
LVHW081424110826
845149LV00010B/1857

* 9 7 8 9 2 6 4 2 5 1 8 8 5 *